DUMONT
DIREKT

Miami
Key West · Everglades

Sebastian Moll

Inhalt

3

Das Beste zu Beginn

Sonntagvormittag, wie ihn die Miamianer lieben
Der Sonntagsbrunch im Versailles mit überbordendem Buffet ist ein miamianisches Ritual. Das kitschige Pseudo-Renaissance-Dekor gehört ebenso dazu wie die mürrischen Bedienungen. Für den Rest des Tages braucht man keine Kalorien mehr.

Kunst kommt von Gucken
Beim Art Walk durch Wynwood zu schlendern, ist eine Reise ins Herz der Coolness von Miami: mit einer Führung das größte Streetart-Open-Air-Museum der Welt bewundern, im Panther Coffee mit den Kreativen abhängen, in der Wynwood Kitchen & Bar Burger essen und den Abend mit Livemusik im Gramps beschließen.

Skyline-Blick vom ›rostigen Pelikan‹
Der Rusty Pelican hat sich den malerischsten Fleck von Miami für die Landung ausgesucht: an der Spitze der Virginia Key mit atemberaubendem Ausblick auf die Skyline der Stadt. An der Cocktailbar kann man hier den Sonnenuntergang so schön genießen wie nirgends sonst in Südflorida.

Abtanzen im legendären Club
Die Nächte sind heiß in Little Havana, aber nirgendwo wird besser und ausgelassener gefeiert als im legendären Club Ball & Chain. Die Jazzkantine, deren Hauptbühne in einem lauschigen Hinterhof liegt, ist über 60 Jahre alt und hat eine große Tradition. Seit der Wiedereröffnung vor wenigen Jahren leben hier die goldenen Zeiten mit Latin-Rhythmen zum Schwofen bis in die Morgenstunden wieder auf.

Nur die Ruhe
Miami ist oft laut und schrill, umso notwendiger sind wahre Oasen der Ruhe für kleine Fluchten. Eine idyllischere als Books & Books in Coral Gables gibt es wohl nicht. Der Buchladen mit angeschlossenem Café liegt im Kolonnadengang eines italienischen, von Palmen eingefasster Innenhof. Hier kann man herrlich Cortado trinken und den Nachtmittag vertrödeln.

Das amerikanische Einkaufsgefühl erleben
Südflorida ist das Land der Mega-Malls. Das 2017 eröffnete Brickell City Centre ist die neueste und tollste unter ihnen. Allein schon wegen der futuristischen Architektur der Designgruppe Arquitectonica lohnt sich ein Besuch in dem als ›urbane Oase‹ konzipierten, halb offenen Großbau. Dazwischen kann man in Luxus schwelgen, Smoothies schlürfen und Menschen beobachten.

Die glutrote Sonne für zu Hause einpacken
Eine verträumte Bootsfahrt von Key West aus zum Sonnenuntergang gehört zu den Erinnerungen an Südflorida, die Ihnen wieder zu Hause im grauen Mitteleuropa ein Lächeln auf die Lippen zaubern werden. Sie schnorcheln zwischen bunten Korallen und Stachelrochen und sitzen dann mit einem Cocktail an Bord des Seglers, während die Sonne feuerrot in die Karibik plumpst.

Eintauchen in die Zwanziger Jahre
Im Venetian Pool von Coral Gables, einst ein Korallensteinbruch, können Sie wortwörtlich in der Opulenz der Goldenen Zwanziger Jahre baden. Ein Schwimmbad so groß wie eine Lagune inmitten einer hyperrealistischen Venedig-Kulisse. Highlight an einem verträumten Miami-Tag …

South Beach auf die Schnelle
Sie können sich einen Beachcruiser in Fritz's Shop in der Collins Avenue ausleihen und stilecht damit herumkurven. Wenn's noch schneller gehen soll, kaufen Sie sich am besten für 25 Cent ein Ticket für den Bus, um von Strandabschnitt zu Strandabschnitt zu pendeln.

Als ich von meiner Wahlheimat New York zum ersten Mal nach Miami reiste, war ich eher skeptisch. Doch das moderne, weltoffene Miami hat mich überzeugt. Es bietet viel mehr als Strände, Promis und Partys, z. B. eine enorme Kreativität.

Fragen? Erfahrungen? Ideen?
Ich freue mich auf Post.

Mein Postfach bei DuMont:
s.moll@dumontreise.de

Das ist Miami

Wie eine Fata Morgana wächst die Skyline von Miami Beach aus dem Meer, wenn man zum ersten Mal über den MacArthur Causeway auf die lang gezogene Halbinsel zufährt. Die Glastürme der Bettenburgen am berühmtesten Strand Nordamerikas spiegeln das grünblaue Wasser und umkehrt und über allem flimmert die schwüle Luft eines ewigen Sommers.

Eine Stadt wie ein Film

Die Fahrt setzt die Stimmung für Miami Beach, wo die Tage und die Nächte ineinanderfließen und alles wirkt wie ein beschwipster Wachtraum. Die Szene ist in die berühmten Pastelltöne des Art-déco-Distrikts getüncht, aus den Cafés und Clubs am Ocean Drive weht ein steter südamerikanischer Rhythmus über den Strand. Die Skateboarder und die überdimensionalen Straßenkreuzer rollen in gleichmäßigem Zeitlupentempo unter sturmverbogenen Palmen hindurch. Die Strandpromenade gleicht einer endlosen Parade von Körpern, die allesamt zu schön sind, um wahr zu sein. Man hat das Gefühl, in einem Film gelandet zu sein oder besser noch in einer TV-Serie. Die Zeit scheint in den 80er-Jahren stehen geblieben zu sein, als die »Miami Vice«-Detektive Crockett und Tubbs in lässigen Anzügen ihr Cabrio durch die Stadt des Lasters lenkten und dazu einen trancehaften Techno-Beat aufdrehten. Miami Beach ist eine Party, die niemals enden will, ein Cocktailglas, das immer voll ist.

Aus Visionen wurden Winterresorts

Diese unwirkliche, traumartige Qualität liegt in der DNA von Miami. Beide Ansiedlungen waren in ihrem Ursprung Fantasiegebilde. Findige Unternehmer aus dem Norden sahen die Sümpfe und die Insel in der Bucht von Biscayne und überlegten sich, was man mit ihnen anstellen könne. Den Anfang machten Orangen-, Avocado- und Kokosnussplantagen, doch schon bald nahm das überhand, was Miami bis heute im Kern ausmacht: Urlaub, Luxus und Laster. Miami Beach war von Beginn an ein Ferienort, an dem vieles ging, was anderswo nicht ging. Dank der Mafia und der porösen Grenze zu Kuba wurde hier auch während der Prohibition getrunken, gespielt und gefeiert wie nirgendwo sonst in den USA. Ab den 80ern schneite dann Kokain aus Kolumbien in die Clubs von South Beach, in denen die Nächte bis heute lang und ausschweifend sind.

Innovationen voller Fantasie

Aber Miami ist nicht nur Sünde, Miami ist auch Stil. Das fing mit dem Bau der für die Zeit extravaganten Art-déco-Hotels am Strand nach dem zerstörerischen Hurrikan Andrew im Jahr 1926 an. Es setzte sich in der traumhaften Siedlung Coral Gables fort, wo der Visionär George Merrick eine mediterrane Stadt in amerikanischen Dimensionen in den Sumpf baute. Und es setzt sich bis heute in den neu entstandenen Kunst- und Designbezirken im Norden der Downtown fort, befeuert von der Art Basel Miami Beach, die seit 2002 jedes Jahr die große Kunstwelt in die Stadt

In Miami Beach muss die Optik stimmen – das gilt selbst für Wasserhydranten.

bringt. Dort, in Wynwood, einem einstigen Industriequartier, hat sich in den Lagerhallen und Kontoren in den vergangenen Jahren der vielleicht coolste Kunstdistrikt der USA entwickelt. An jedem beliebigen Sonntag versammelt sich in den Cafés die junge Stilavantgarde der Stadt, um durch die Galerien zu schlendern und vor allem um die allgegenwärtige Graffiti-Kunst zu bewundern. Wynwood ist jedoch nur die jüngste Manifestierung des Pionier- und Unternehmergeistes, der Miami seit jeher prägt – ein Geist, der auch Welle auf Welle an Einwanderern beseelte, die in den vergangenen 50 Jahren von Lateinamerika nach Miami herüberschwappte.

Die Freiheit suchen und Freiheiten leben

Die Latinos, allen voran die kubanische Minderheit, geben heute den Ton in Miami an. Sie bilden rund 70 Prozent der Bevölkerung. Ihre Lebensart durchdringt die Stadt – und das nicht nur in den Bodegas von Little Havana, wo die Nächte zum Son Cubano durchtanzt werden und tagsüber die Männer an der Straße sitzen, Zigarren rauchen, Domino spielen und auf Castro schimpfen. Der Latino-Einfluss ist überall im Alltag wahrnehmbar. Die junge Generation von Einwanderern bestimmt heute das öffentliche Leben der Stadt und prägt den Lebensstil. Man spürt das in der Art und Weise, wie die Dinge hier gehandhabt werden – ein bisschen zu laut und zu theatralisch, aber immer mit Schwung und Lebenslust. Das wird nirgends deutlicher als auf Key West, jener Insel, auf der die USA beinahe Kuba küsst. Kein Ort in den USA ist so frei und so entspannt wie Key West, nirgendwo in Nordamerika legt man so viel Wert auf das Sein im Hier und Jetzt. Stärker noch als Miami ist die Kolonie von Feierlustigen, Außenseitern und Exzentrikern ein Land zwischen Nacht und Tag, wo die Sonne glühend ins Meer eintaucht, während am Hafen die Trommeln gespielt werden und sich die Zeit ins Unendliche dehnt.

Miami in Zahlen

7

Jahre dauerte der zweite Krieg der US-Regierung gegen die Seminolen, der 1835 begann.

16

% der Bevölkerung von Miami sind älter als 65, ca. 3 % mehr als im nationalen Durchschnitt.

24

°C beträgt die Jahresdurchschnittstemperatur in Miami. Im Juli werden Tageshöchsttemperaturen von 40 °C erreicht.

52

m tief ist das Fundament des Skyscrapers One Thousand Museum von Zaha Hadid, der 2018 fertiggestellt wird.

60

% der Einwohner von Miami wurden außerhalb der USA geboren.

70

% der Bevölkerung von Miami ist hispanisch.

160

km/h war die höchste gemessene Geschwindigkeit von Wirbelsturm Irma 2017 in Miami. Der Sturm richtete einen Schaden von 141 Mrd. Dollar an.

180

km zieht sich die Inselkette der Florida Keys nach Südwesten in den Golf von Mexiko.

772

km lang war die Bahnlinie, die Henry M. Flagler 1896 von St. Augustine bis Key West baute, um Südflorida zu erschließen.

4200

Pfund Kokain wurden 2017 von der Küstenwache Floridas beschlagnahmt.

50 000

Dollar pro Nacht kostet die teuerste Suite im luxuriösen Faena Hotel in Miami Beach.

77 000

Besucher lockt die Art Basel jedes Jahr nach Miami. Damit liegt sie auf Rang 5 der internationalen Kunstmessen.

16 000 000

Touristen kamen 2016 nach Miami, 5 % mehr als im Vorjahr. Sie gaben mehr als 25 Mrd. Dollar aus.

65 000 000

Dollar betrug der Kaufpreis für das teuerste Penthouse in Miami Beach im Jahr 2017.

1200
schützenswerte Bauten gibt es in Miami Beach, davon ca. 1000 im Art-déco-Stil.

Was ist wo?

Miami und Miami Beach liegen in einer ehemaligen Sumpflandschaft, die bis vor etwa 100 Jahren vorwiegend zur Anlage von Obstplantagen genutzt wurde. Heute ist der Großraum Miami mit 2,5 Mio. Einwohnern eines der größten urbanen Zentren der USA.

Miami Beach ist nicht Miami

Die Bezeichnung Miami wird gemeinhin als Sammelbegriff verwendet: für die Stadt Miami, die auf dem Festland an der Bucht von Biscayne liegt, und für Miami Beach, jene langgezogene Halbinsel, die der Metropole vorgelagert ist. Doch Miami und Miami Beach sollte man nicht gleichsetzen. Miami Beach ist keineswegs der Strand von Miami, sondern eine gesonderte Gemeinde, wesentlich älter als die Stadt auf dem Festland. Dennoch sind es die Bilder von Miami Beach mit seinem Strand- und Nachtleben, die man meist im Sinn hat, wenn man an Miami denkt.

Miami Beach

South Beach (🗺 Karte 2) ist das Zentrum all dessen, was man von Miami Beach erwartet. Hier konzentrieren sich die Nachtclubs und edlen Hotels, hier tummeln sich die Stars und Sternchen aus dem Musik- und Filmbusiness ebenso wie aus der Modewelt und hier ist das bunteste Strandleben anzutreffen. Das alles findet auf engstem Raum zwischen 5th Street und 15th Street und in den drei Blocks zwischen dem legendären Ocean Drive und der Washington Avenue. Die Gegend trägt den Namen **Art Deco District,** denn hier stehen Hunderte historischer Hotels und Wohnhäuser aus den 1930er-Jahren, die im Art-déco-Stil errichtet wurden. Ihre Pastelltöne und ausgefallenen Neonelemente haben Miami Beach seinen unverwechselbaren Charakter verliehen und die Stadt auf der Insel weltberühmt gemacht.
Nördlich der 23rd Street beginnt **Mid-Beach** (🗺 Karte 4, F 3/4), das

zunehmend populärer wird und mittlerweile ebenfalls über gute Hotels verfügt. In **North Beach** (🗺 Karte 4 E/F 2/3) reiht sich ein exklusiver Hotelwolkenkratzer an den nächsten. An den Stränden geht es ruhig und familienfreundlich zu, Partyleben findet nur an den Hotelbars statt. Im Norden der Halbinsel schließen sich die Ortschaften **Surfside** (🗺 Karte 4, F 2) und **Bal Harbour** (🗺 Karte 4, F 2) an. Sie haben ihre eigenen wunderschönen Strandabschnitte sowie vielfältige Shoppingmöglichkeiten und eine lebendige Restaurantszene. Gleiches gilt für die via Brücke und durch den Haulover Park erreichbare Stadt **Sunny Isles Beach** (🗺 Karte 7, B 2).

Downtown Miami und Brickell

Gegenüber von Miami Beach liegt auf dem Festland **Downtown Miami** (🗺 E–G 3–7), der zentrale Geschäftsbezirk der Metropole Miami. Wie die meisten amerikanischen Innenstädte ist Downtown eine Ansammlung von Bürowolkenkratzern; wirkliches Straßenleben, das sich fußläufig erschließen ließe, existiert nicht. Es gibt allerdings eine Magnetschwebebahn, mit der man sich durch die Innenstadt bewegen kann. Das Gebiet jenseits des Miami River – nimmt **Brickell** (🗺 C/D 5/6) ein. In dem jungen, aufstrebenden Wohn- und Ausgehbezirk entsteht zurzeit ein neuer Wohnturm mit Luxuswohnungen neben dem anderen. Die Gegend hat zudem eine lebendige Restaurant- und Nachtclubszene. Zu den Attraktionen von Downtown zählen vor allem die Einkaufszentren wie das Brickell City Centre, die Sportarenen und die Parks am Wasser. Von Brickell aus sind über den Rickenbacker Causeway die Inseln **Virginia Key** und **Key Biscayne** (🗺 Karte 4, E 6–8) mit ihren schönen Stränden gut zu erreichen, auch per Fahrrad.

Westlich und nördlich der Downtown

Fährt man von Brickell aus entlang der SW 8th Street in Richtung Westen, erreicht man auf Höhe der SW 27th Avenue **Little Havana** (🗺 Karte 4, B–D 5/6). Ein Abstecher in das kubanische Einwandererviertel mit seinen Bodegas und Straßenmärkten gehört zu einem Miami-Besuch unbedingt dazu. Im Nordwesten grenzt **Overtown** (🗺 B–E 2–5) an die Innenstadt. Der einst lebendige Bezirk, der vor allem von Afroamerikanern bewohnt wird, ist seit den 1970er-Jahren stark heruntergekommen und ringt noch um eine ähnliche Renaissance, wie sie andere Stadtteile in den letzten Jahren erlebt haben. Ein Beispiel dafür ist Miamis neuer In-Bezirk **Wynwood** (🗺 Karte 4, D 4/5). Das Industriegebiet wurde in den vergangenen zehn Jahren in einen Kunst- und Galerienbezirk mit schicken Cafés, Restaurants und Bars umgewandelt. Nördlich der Interstate 195 liegt der von einem Immobilienentwickler geplante neue **Design District** (🗺 Karte 4, D 4) mit exklusiven Design- und Modegeschäften. **Little Haiti** (🗺 Karte 4, D 1–4) ist der Wohnbezirk der zahlreichen Einwanderer und Flüchtlinge aus Haiti. Die Haitianer von Miami pflegen ihre heimische Lebensart und teilen sie gern mit Besuchern.

Südlich der Downtown

Coral Gables (🗺 Karte 4, B/C 6–8) ist ein exklusiver Wohnbezirk, der in den 1920er-Jahren von George Merrick als mediterrane Wohnstadt entworfen wurde. Mit der Miracle Mile hat er einen hochklassigen Shopping-Distrikt. Das benachbarte **Coconut Grove** (🗺 Karte 4, B–D 6–8), eine ehemalige Hippiekolonie, ist deutlich legerer und entspannter. Das Publikum ist jünger, die Restaurants und Cafés sind gemütlicher und günstiger.

Key West und die Everglades

Südlich von Miami zieht sich rund 200 km lang eine Kette von Inseln, die **Florida Keys**, bis tief in die Karibik. Die Eilande sind durch eine Straße und eine Eisenbahnlinie verbunden. Die letzte der Florida Keys, **Key West** (🗺 Karte 6, A 8), lohnt unbedingt einen Ausflug mit Übernachtung. Der Ort am Ende Amerikas ist ein verträumtes Urlauberstädtchen mit einem alten Jachthafen und vor allem zahllosen Bars und Restaurants. Auf dem Rückweg nach Miami empfiehlt sich ein Abstecher in die **Everglades** (🗺 Karte 6, A–H 2–6), eines der großen Naturwunder der USA. Die Tausende von Quadratkilometern große Sumpflandschaft steht unter Naturschutz und ist weitestgehend unberührt. Auf Wanderungen und Bootsfahrten kann man das einzigartige Ökosystem mit Alligatoren, Kranichen und einem endlosen Himmel genießen.

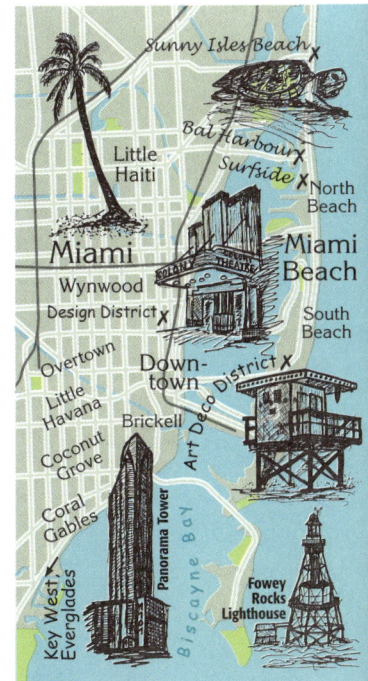

Augenblicke

Strände mit Farbtupfern

Der South Beach in Miami Beach ist mehr als nur Sand, Sonne und Meer, er ist ein Lebensgefühl – ein Laufsteg schöner Menschen, eine Zone der Freiheit und Ausgelassenheit und ein Hort der Eleganz. Nicht zuletzt wegen der Bademeistertürmchen, die nach den Zerstörungen durch Hurrikan Andrew 1992 individuell von Künstlern und Architekten im Art-déco-Stil neu gestaltet wurden. Sie verbinden den Strand mit der Architektur und den Farben des Ocean Drive.

Hotspot der Kreativität

Überall in den Cafés und Kneipen des Wynwood District spürt man den Schöpfergeist und die flirrende Vitalität einer neuen Generation. Der ehemalige Lagerhallen-Distrikt zelebriert die Streetart und bietet einen satten Nährboden für Freigeister und Kulturschaffende. In Wynwood herrscht das aufregende Flair der digitalen Boheme und der weltläufigen jungen Kreativen des neuen Miami.

Leben unter freiem Himmel

Gleich ob am Strand, entlang dem Ocean Drive oder in den Parks – das Leben findet in Miami ›open-air‹ statt. So auch im Soundscape Park am New World Center in South Beach. Aus der hochmodernen Konzerthalle werden Symphoniekonzerte simultan nach draußen auf eine Großbildleinwand projiziert. In lockerer Atmosphäre kann man unter den Sternen klassische Musik vom Feinsten genießen und an konzertfreien Abenden Kinoklassiker.

Ihr Miami-Kompass

#2
Non-Stop-Beach-Party –
Strandleben und Clubs in Miami Beach

#3
Luxus-Shopping –
Surfside, Bal Harbour, Sunny Isles Beach

An der ›Riviera‹ von Südflorida

#1
Paradies in Pastell –
Art déco in South Beach

FROM DUSK TILL DAWN

HIER ALSO FING ›MIAMI VICE‹ AN

WOMIT FANGE ICH AN?

›WINTER WHITE HOUSE‹

#15
Reich, reicher, am reichsten – **die Insel Palm Beach**

Die Muschelrepublik

#14
Insel der Glücklichen –
Key West

hier geht es schnorchelnd weiter

VORSICHT PANTHER!

#13
Von A wie Alligator bis Z wie Zypresse – **rund um die Everglades**

#12
Wasser-Wunderland –
Biscayne National Park

#4
Karibisches Karree –
Little Haiti

#5
Kauflust, Konzerte und
Kunst in Downton –
Design District

#6
Durch Farbe zum
Leben erweckt –
Wynwood Art District

#7
Business, Bars und
Hightech-Museen –
Downtown Miami

#8
Salsa, Samba und
Zigarren –
Little Havana

#9
Die Ruhe selbst –
**Virginia Key und
Key Biscayne**

#11
Iberische Fantasien –
Coral Gables

#10
Hippieflair und
karibische Lebensart –
Coconut Grove

Paradies in Pastell –
Art déco in South Beach

Sind Sie Filmfan? Dann werden Sie die Hotels und Villen am Ocean Drive sofort wiedererkennen: Sanfte Pastelltöne und geschwungene Linien, stilisierte Flamingos und Neonschriftzüge verströmen jene typische Miami-Eleganz, die den Stadtteil für eine cineastische Karriere geradezu prädestinierten.

Lachsrot oder türkis – Details und ganze Fassaden sind in Pastelltönen gehalten. Das auf Leonard Horowitz zurückgehende Farbschema stammt aus den 1980er-Jahren, als die verfallenen Art-déco-Bauten saniert wurden.

Die Art-déco-Hotels am Ocean Drive und bis hinüber zur Washington Avenue sind alle Mitte der 1920er- bis Mitte der 1930er-Jahre entstanden. Es war die goldene Ära von Miami Beach – die Society der Ostküste hatte die Insel gerade als Ferienziel für sich entdeckt. Der Rum floss trotz Prohibition dank der Mafia ungehindert über die kubanische Grenze und Al Capone unterhielt im Hinterzimmer der eleganten Hotels geheime Spielkasinos. Kaum irgendwo sonst wurde so ausgelassen gefeiert.

Abruptes Ende der Roaring Twenties

Den einheitlichen Baustil hat Miami Beach allerdings einem dramatischen Ereignis zu verdanken: dem Hurrikan Andrew im Jahr 1926. Der Orkan zerstörte South Beach, wo bis dahin vorwiegend im Stil italienischer Villen *(Mediterranean Revival Style)* gebaut worden war, praktisch komplett. So schrecklich die Naturkatastrophe auch war, sie ermöglichte einen architektonischen Neuanfang. Die Investoren von Miami entschlossen sich, die modernste Bauweise der Zeit zu wählen. Erst ein Jahr zuvor, 1925, war in Paris auf der Exposition Internationale des Arts Décoratifs et Industriels Modernes der neue Bau- und Designstil Art déco vorgestellt worden – eine Variante des Beaux-Arts-Stils. Er sollte in den folgenden Jahren überall in den USA die Architektur bestimmen.

Der Kampf gegen Ignoranten

Zwischen der 5th und der 23rd Street gibt es rund 800 Art-déco-Bauten, die berühmtesten finden Sie auf einer Fläche von nur 1 km². Beginnen Sie Ihren Spaziergang am besten am **Art Deco Welcome Center 1**. Dort können Sie sich mit Infomaterial eindecken und im kleinen Museum Interessantes u. a. über die Geschichte des Art déco in Miami erfahren. Betrieben wird das Besucherzentrum von der Miami Design Preservation League, die 1976 von Barbara Baer Capitman (▶ S. 81) gegründet wurde. Die Bürgerinitiative kämpfte für den Erhalt der in den 60er- und Anfang der 70er-Jahre heruntergekommenen Art-déco-Bauten. Spekulanten hatten bereits ein Auge auf die Grundstücke geworfen, auf denen sie riesige Hotels errichten wollten.

The Ocean Rescue Headquarters 2 (1934), Sitz der Rettungsschwimmer, ist ein Musterbeispiel des Nautical déco: Mit seinen Bullaugen und Relings mutet der Bau wie ein Ozeandampfer an.

Gebaute Leichtigkeit des Seins

Zwischen der 7th und der 15th Street reiht sich am Ocean Drive ein Art-déco-Hotel an das andere. Die Bauten strahlen eine architektonische

ÜBRIGENS

1928 erwarb Al Capone, frisch aus Alcatraz entlassen, für 40 000 $ eine Villa im Mediterranean-Revival-Stil auf dem zu Miami Beach gehörenden **Palm Island.** Das Anwesen, wo Al Capone 1947 48-jährig starb, ist heute eine Film- und Fotolocation (www.93palm.com).

Viel Licht sollte in die Zimmer fallen – dafür sorgten z. B. Eckfenster.

▶ **PLAN & TOUREN**

Im Art Deco Welcome Center gibt es Lagepläne und Vorschläge für Rundgänge sowie einen **Audioguide** (u. a. dt.). Auch **Führungen** durchs Viertel werden angeboten (tgl. 10.30, Do auch 18.30 Uhr, 25 $, Buchung: www.mdpl.org/tours).

Die **Villa Casa Casuarina** 4 ist nicht im Artdéco-, sondern im Mediterranean-Revival-Stil gehalten. Dennoch ist das heutige Luxushotel eine der größten Attraktionen am Ocean Drive. Hier wohnte Modezar Gianni Versace bis zu jenem schicksalhaften Juli-Vormittag des Jahres 1997, an dem er vor der Haustür erschossen wurde.

Beim Art Deco Weekend im Januar steht South Beach Kopf (http://art decoweekend.com).

Die Boutique **The Webster** 🔒 eröffnete 2009 in einem Art-déco-Meisterwerk von Henry Hohauser. Neben Saint Laurent, Balenciaga u. a. vertreibt Inhaberin Laure Hériard Dubreuil hier seit 2017 eine eigene Kollektion.

Leichtigkeit aus, die einen sofort in Urlaubsstimmung versetzt. Dabei sind sie keineswegs verspielt, sondern oftmals von strenger Symmetrie geprägt, wie das **Hotel Breakwater** 3 (940 Ocean Dr.). Die horizontalen Stromlinien-Akzente an der Fassade – Streamline Moderne heißt diese Stilvariante – hat sich der Architekt Anton Skislewicz vom Autobau abgeguckt, wo Streifenelemente die Aerodynamik erhöhen sollten. So spiegelt die Architektur auch die Technikbegeisterung der Zeit wider. Nach Einbruch der Dunkelheit leuchtet, von farbigen vertikalen Neonröhren flankiert, am Zentralturm der Hotelname in großen Neonlettern auf – typisch Art déco à la Miami Beach.

»Miami Vice« – Klappe, die erste

The Tides 5 (1220 Ocean Dr.) ist der einzige Art-déco-Wolkenkratzer am Ocean Drive. Entworfen hat ihn L. Murray Dixon, der wie viele seiner in Miami Beach aktiven Kollegen kein abgeschlossenes Architekturstudium hatte – Learning by Doing also. Offenbar mit Erfolg: Dixon wurde nach diesem ersten Bau für viele weitere engagiert.

In **The Carlyle** 6 (1250 Ocean Dr.), dessen Fassade ein typisches Beispiel für die Regel der Drittelung im Art déco ist, wurden Szenen des Films »Scarface« (1983) mit Al Pacino gedreht. Auch für andere Kinofilme wie »Bad Boys 2« und »Birdcage« diente es als Location – und es hat TV-Geschichte geschrieben: Die allererste Szene von »Miami Vice« spielt vor dem Carlyle.

Erst 1940 errichtet, ist das Hotel **The McAlpin** 7 (1424 Ocean Dr.) mit seiner Farbgebung und strikten Symmetrie das wohl typischste Beispiel des ›Miami Deco‹.

Abseits des Ocean Drive dünnt die Anzahl herausragender Art-déco-Bauten aus. Einen kleinen Abstecher lohnt jedoch das **U.S. Post Office** 8 (1937) an der Washington Avenue (Ecke 13th St.). Das Wandgemälde »Episodes from the History of Florida« im Eingang stellt die Geschichte der Seminolen dar. Es ist ein Werk aus der Zeit der Wirtschaftskrise, als die Regierung Künstler und Architekten mit öffentlichen Aufträgen beschäftigte.

Außen- und Innenansichten

Von Norden nach Süden durchzieht die Collins Avenue Miami Beach. Benannt ist sie nach

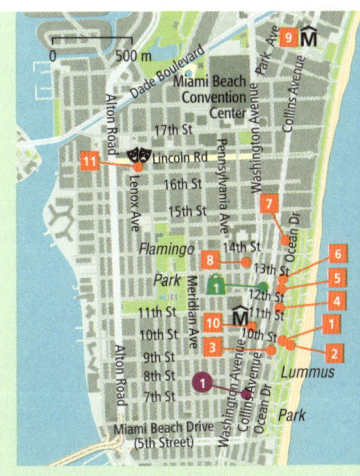

INFOS/ÖFFNUNGSZEITEN

Art Deco Welcome Center 1: 1001 Ocean Dr./Ecke 10th St., T 305 531 3484, www.artdecowelcomecenter.com, www.mdpl.org, tgl. 9–17 Uhr (Do bis 19 Uhr); **Museum:** Di–So 10–17 Uhr (Do bis 19 Uhr); **Official Art Deco Gift Shop:** tgl. 9.30–19 Uhr

The Bass Museum of Art 9: 2100 Collins Ave., T 305 673 7530, www.thebass.org, Mi–Mo 10–17 Uhr, 10 \$, ▶ S. 78

The Wolfsonian-FIU 10: 1001 Washington Ave., T 305 531 1001, www.wolfsonian.org, Mo, Di, Do, Sa 10–18, Fr 10–21, So 12–18 Uhr, 12 \$

KULINARISCHES FÜR ZWISCHENDRIN

Puerto Sagua 1: 700 Collins Ave., T 305 673 1115, http://puertosagua.res taurantwebexpert.com, tgl. 7.30–2 Uhr. Kubanische Küche seit 1968 (▶ S. 96).

ART-DÉCO-FASHION-TEMPEL

The Webster i: 1220 Collins Ave., T 305 674 7899, http://thewebster.us, Mo–Sa 11–20, So 12–19 Uhr

Cityplan: Karte 2, B–D 1–6 | **Bus** 120, 150 Washington Ave. & 9th St., SoBe Local 123

John S. Collins (1837–1928), einem Farmer, der zu einem der Gründerväter der Stadt wurde. Ihm war z. B. die erste Brücke zwischen Miami und Miami Beach zu verdanken. Ende der 20er-Jahre kam man auf die Idee, ihn mit einem Bibliotheksbau zu ehren. Wer war dafür besser geeignet als Collins' Enkel, der Architekt Russell Pancoast? Heraus kam eines der ersten und bedeutendsten Art-déco-Gebäude der Stadt. Seit 1964 ist in dem wuchtigen Bau das 2017 erweiterte Kunstmuseum **The Bass** 9 zu Hause (▶ S. 78).

Noch ein Museum im Art-déco-Gewand: **The Wolfsonian-FIU** 10, das zur Florida International University (FIU) gehört. In dem Gebäude lagerten in den 1920er-Jahren die Reichen aus dem Norden vor der Heimfahrt ihr nur vor Ort gebrauchtes Hab und Gut ein. 1986 kaufte es Mitchell Wolfson, um darin seine riesige Sammlung von Werbe-, Propaganda- und Alltagsobjekten des 19. und 20. Jh. unterzubringen. Schauen Sie sich auf alle Fälle den Art-déco-Brunnen in der Eingangshalle an, wenn die Zeit für einen Museumsbesuch nicht reicht.

Nach einer 6,5-Mio.-Dollar-Restaurierung erstrahlt das 1935 als Kino eröffnete Colony Theatre 11 *wieder im alten Art-déco-Glanz. Hier finden u. a. Musik-, Theater- und Comedy-Abende statt (1040 Lincoln Rd., T 305 674 1040, www.colonymb. org).*

Non-Stop-Beach-Party – **Strandleben und Clubs in Miami Beach**

South Beach ist keine geografische Bezeichnung, South Beach – oder SoBe, wie die Locals gerne sagen – ist ein Lifestyle. Der Strand und die Restaurants, die Clubs und Bars, die Models und Promis – das alles fügt sich zu einer Party zusammen, die niemals endet.

Das pralle Leben in der Miami-Beach-Version kommt mit Fitness und Körperkult daher – und mit Partys ohne Ende.

Ein guter Start für einen Tag in South Beach ist ein Kaffee im berühmten **News Cafe** ❶, wo sich Gianni Versace einst täglich seine italienische Zeitung besorgte und wo bis heute Druckerzeugnisse aus aller Welt ausliegen. Von hier aus geht es – wohin? – natürlich an den Strand. Doch das ist leichter gesagt als getan, denn erst mal muss man sich für einen Strand entscheiden. Miami

Beach ist immerhin rund 16 km lang und die Strandabschnitte sind von Grund auf verschieden. Es gibt Partystränder und Surfstränder, Nacktstränder, Schwulenstränder und Familienstränder.

Dünen, Sonne, Meer

Am lebendigsten ist der Strandabschnitt in der Mitte von South Beach, der **Lummus Park Beach** 🟥. Hier lassen sich ausgefallene Bademeistertürmchen (*Lifeguard Tower*) in Art-déco-Farben bewundern, es finden den ganzen Tag Volleyballturniere statt und lokale Teenager beflirten Touristinnen. Der sich im Norden anschließende Abschnitt zwischen 21st und 45th Street, wo South Beach in Mid-Beach übergeht, grenzt an die exklusiven Hotelburgen und Beachclubs. Die Szene hier ist ruhiger und gediegener. Zwischen 46th und 63rd Street wird der Strand vor allem von Familien bevölkert, die sich in den nahen Apartmentkomplexen eingemietet haben. Hier genießt man ebenfalls viel Ruhe, ist aber weit weg von den Restaurants und Geschäften von South Beach.

Angesagte Locations

Der wahre Grund, nach Miami Beach zu kommen, ist für die meisten Besucher die Party. Und die fängt schon am helllichten Tag an. Es gibt in Miami Beach Dutzende von Beach Partys. Die beliebteste und lauteste wird im **Mango's Tropical Cafe** 🔆 am Ocean Drive gefeiert, einem lateinamerikanischen Tanzschuppen, wo der Salsarhythmus niemals abreißt und die Sangria in Strömen fließt.

Beliebter unter den Locals und sexyer ist jedoch die Tanzparty am **Broken Shaker** 🔆, einer kleinen Cocktailbar an der 28th Street. Am Art-déco-inspirierten Pool werden tropische Cocktails geschüttelt und schon am Nachmittag die kaum bekleideten Hüften geschwungen.

Noch exklusiver und heißer geht's im **Nikki Beach Club** 🔆 am Südzipfel von South Beach zu, dem Ableger eines beliebten Strandclubs von Marbella. Hier beginnt die Party morgens um zehn und endet erst am nächsten Morgen um sechs.

Kubanische Happen

Für einen Happen zwischendurch empfiehlt es sich, den überteuerten Restaurants direkt am Ocean Drive fernzubleiben. Etwas abseits kann

Ü ÜBRIGENS

Um sich einen Überblick zu verschaffen, können Sie sich ein **Citi Bike** mieten und gemütlich den Strand auf und ab fahren. Am Ocean Drive gibt's viele Mietstationen (http://citibikemiami.com, S. 112). Oder leihen Sie stilecht bei **Fritz's** ❶ einen Beachcruiser.

Joberfüllung oder Pose? Lebensretter an einem der 31 Lifeguard Tower in Miami Beach.

Bevor man sich ins Nachtleben stürzt, nimmt man einen Happy-Hour-Drink in einer Cocktailbar und genießt den Sonnenuntergang. Beliebt sind **Barceloneta** 🟣, **Monty's** 🟣 und **Meat Market** 🟣. Schon für diese Spots sollte man sich in Schale werfen, in den wirklich coolen Bars werden Jeans, Shorts oder Flipflops nicht gern gesehen.

Springprozession mit (Miami-)Style: am Strand, unter Palmen, bis zum Morgengrauen

man hingegen in aller Ruhe erstklassig und vielfältig dinieren. Da sind z. B. das kubanische **Puerto Sagua** ❷, das amerikanische **Big Pink** ❸, das Biorestaurant **DIRT** ❹, wo die Prominenz gern speist, bevor sie sich ins Nachtleben stürzt, oder das **Orange Blossom** ❺ mit floridianischen Spezialitäten.

Models und Megaclubs

Nun sind Sie bereit für das berühmte ausschweifende Nachtleben von South Beach. In den Megaclubs beginnt das Leben nicht vor Mitternacht. Vor 2 Uhr kommen die Dinge nicht richtig in Schwung und dauern dann meist bis in den Morgen. Gespielt wird House und Electronic Dance Music, aufgelegt von Star-DJs wie Calvin Harris oder David Guetta. Das Publikum reicht, je nach Club, von Promis wie Kim Kardashian, Jennifer Lopez oder Vin Diesel bis hin zu allerlei Volk aus der Modebranche und natürlich Groupies.

Der Superclub schlechthin ist das **LIV** ❼. Es taucht in Hollywoodfilmen immer auf, wenn in Miami eine Discoszene spielt. Hier tummeln sich ebenfalls Promis, entsprechend schwer ist es hineinzukommen. Deutlich legerer und entspannter ist das vornehmlich, aber nicht nur schwule **Twist** ❽. Angesagt ist auch das **Basement** ❾ im Keller eines alten Art-déco-Hotels. Das Ambiente und die Musik sind an die Disco-Ära angelehnt und zwischendurch kann man auf der Bowling Bar eine Runde kegeln. Der **STORY Nightclub** 🔟 ist der kleine Bruder des LIV, ebenfalls mit Spitzen-House-DJs, aber entspannter und mit billigeren Drinks.

→ **UM DIE ECKE**

Neugierig, wie die Highsociety in Miami Beach logiert und feiert? Dann besuchen Sie das **Faena Hotel** ❷, das neue Super-Luxushotel von Miami Beach. Das Hotel mit Übernachtungspreisen ab 1000 Dollar ist Teil eines Komplexes von sieben Gebäuden, dessen Baukosten sich auf 1 Mrd. $ belaufen. Zu dem von Rem Koolhaas/OMA entworfenen Ensemble gehören das **Faena Art Center,** das u. a. die Kunstkollektion des argentinischen Besitzers Alan Faena zeigt, sowie das **Faena Forum** mit Räumlichkeiten für Kulturveranstaltungen, Kongresse etc.

INFOS

Faena Hotel 2: 3205 Collins Ave., T 305 538 8800, www.faena.com/ miami-beach

---

KULINARISCHES FÜR ZWISCHENDRIN

News Cafe 1: 800 Ocean Dr., T 305 538 6397, www.newscafe.com, 24 Std.

Puerto Sagua 2: 700 Collins Ave., T 305 673 1115, http://puertosagua.res taurantwebexpert.com, tgl. 7.30–2 Uhr, ▶ S. 96

Big Pink 3: 157 Collins Ave., T 305 531 0888, www.mylesrestaurantgroup.com, Mo–Mi 8–24, Do–So 8–2 Uhr, ▶ S. 92

DIRT 4: 232 5th St., T 305 763 8548, http://dirteatclean.com, Mo–Fr 10–16, Sa, So 9–21 Uhr

Orange Blossom 5: 2000 Collins Ave., T 305 763 8983, www.orangeblossom miami.com, tgl. 7.30–23 Uhr, ▶ S. 95

COCKTAILBARS UND CLUBS

Mango's Tropical Cafe 1: 900 Ocean Dr., T 305 673 4422, www.mangos. com, Mo–Fr 11.45–5, Sa, So 11–5 Uhr

The Broken Shaker 2: 2727 Indian Creek Dr., T 305 531 2727, http://free handhotels.com/miami/broken-shaker, tgl. 14–3 Uhr

Nikki Beach Club 3: 1 Ocean Dr., T 305 538 1111, www.nikkibeach.com, tgl. bis 5 Uhr

Barceloneta 4: 1400 20th St., T 305 538 9299, http://barcelonetarestaurant. com, So–Do 12–23, Fr, Sa 16–24 Uhr. Tapas, Cocktails und Meeresblick.

Monty's 5: 300 Alton Rd., T 305 672 1148, www.montyssobe.com, So–Do 11.30–22, Fr 11.30–24, Sa 11.30–23 Uhr

Meat Market 6: 915 Lincoln Rd., T 305 532 0088, http://meatmarket.net/ locations/miami-beach, tgl. 12–24 Uhr

LIV 7: 4441 Collins Ave., T 305 674 4680, www.livnightclub.com, tgl. 23–5 Uhr, ▶ S. 109

Twist 8: 1057 Washington Ave., T 305 538 9478, www.twistsobe.com, tgl. 13–5 Uhr

Basement 9: 2901 Collins Ave., T 786 641 7119, http://basementmiami.com, tgl. 17–2, Mi, Sa, Fr bis 5 Uhr, ▶ S. 108

STORY Nightclub 10: 136 Collins Ave., T 305 479 4426, www.storymiami.com, Do–Sa 23–5 Uhr, ▶ S. 109

BIKES UND BOARDS LEIHEN

Fritz's Skate, Bike & Surf 1: 1620 Washington Ave., T 305 532 1954, www. fritzsmiamibeach.com, tgl. 9–22 Uhr. Verleih von Rädern, Skate- und Surfboards.

Vom Strand zum Luxus-Shopping – **Surfside, Bal Harbour, Sunny Isles Beach**

Im Norden von Miami Beach, jenseits der 72ten Straße, klingt der Trubel entlang der Collins Avenue ab und weicht einer Phalanx von Apartment-Hochhäusern. Hinter ihnen verbirgt sich der vielleicht schönste Strandabschnitt von Miami Beach. Dass sich viele Bewohner dieser Gegend auch sonst auf der Sonnenseite des Lebens bewegen, lassen die Shopping-Malls erkennen.

So wird ein Schuh draus: In den Mega-Malls der Strandorte nördlich von Miami Beach werden die Objekte der Begierde heiß diskutiert.

Zwischen der 88ten und der 96ten Straße können Sie eine Meile lang feinsten weißen Sanduhrsand und absolute Ruhe genießen. Der Abschnitt zählt zur Gemeinde **Surfside** und gehört ganz den Menschen, die das laute Treiben von South Beach nicht brauchen und einfach nur das Meer und die Sonne suchen. Durch die Dünen windet sich ein ruhiger, schattiger Weg, der sich hervorragend für einen Spaziergang oder eine Ausfahrt mit dem Beachcruiser eignet.

Wer hat, der hat

Auch wenn der Strand das Ein und Alles der rund 6000 Bewohner von **Surfside** ist, an Lokalen und Einkaufsmöglichkeiten mangelt es nicht: Entlang der parallel zur Collins Avenue verlaufenden Harding Avenue gibt es ein kleines Geschäftsviertel, das mit schicken Boutiquen, teuren Juwelierläden und Nobelfriseuren ganz auf die Bedürfnisse der exklusiven Klientel von Surfside eingestellt ist. Ihren vollen Charme entfaltet die Harding Avenue am Abend, wenn der Boulevard mit seinen Straßencafés zum Leben erwacht.

Gratis-Flugshow am Strand von Surfside

Die Restaurantszene erlaubt Stippvisiten in den unterschiedlichsten Regionen der Welt. So kann man in **Josh's Deli** ❶ auf die Hand koschere jüdische Küche bestellen oder im **Backyard BBQ** ❷ Platz nehmen, um koschere Grillgerichte zu probieren. Das **Cafe Ragazzi** ❸ featured italienische Klassiker und in der **Sushi Republic** ❹ gibt es sehr gute japanische Fischspezialitäten.

Drei Männer, eine Vision

Das Flair von Luxus und Ruhe setzt sich nach Norden hin fort, wo die Gemeinde **Bal Harbour** (ca. 2600 Einw.) an Surfside grenzt. Die kleine Enklave am Nordzipfel der Miami-Beach-Halbinsel besteht vorwiegend aus Luxushotels und ebenso hochpreisigen Apartmenthäusern. Premium-Wohnhäuser hatten schon der Unternehmer Robert Graham und seine Kompagnons Carl Fisher und Walter O. Briggs im Sinn, als sie ab 1929 erste Ideen für die Bebauung des Stücks Land zwischen Bay und Atlantik entwickelten. Doch erst nach dem Zweiten Weltkrieg blühte das neue Village vollends auf – ein Hotel nach dem anderen wurde gebaut.

In Surfside sehen Sie entlang der 93rd Street 13 von lokalen Künstlern gestaltete Schildkrötenskulpturen. Mit ihnen soll auf die Lage der Meeresschildkröten aufmerksam gemacht werden, die in Südflorida bedroht sind. Während der Saison zwischen Mai und Oktober nisten die Loggerhead-Schildkröten am Strand von Surfside. Bewohner und Besucher werden gebeten, die Tiere und ihre Nester zu respektieren.

Wie der Strand in Surfside ist der in Bal Harbour extrem sauber und gepflegt. Entlang der Promenade können Sie herrlich durch die Dünen spazieren und am Nordende über die weit ins Meer ragende Mole laufen.

Mode kommt tierisch gut an – Schaufensterdekoration in den Bal Harbour Shops

Bal Harbour ist natürlich auch eine Destination für Luxus-Shopping und ›Fine Dining‹ in eleganten Restaurants. Erste Adresse für Besitzer von High-Class-Kreditkarten ist die Mall **Bal Harbour Shops** ❶. Hier finden Sie Boutiquen internationaler Spitzenmarken wie Gucci, Chanel und Dior, aber es gibt auch kleine originelle Prêt-à-porter-Shops. Zwischen den Einkäufen kann man ins französische Bistro **Le Zoo** ❺ einkehren oder im **Makoto** ❻ von Starkoch Makoto Okuwa, der die Kunst der Sushi-Herstellung bereits im Alter von 15 Jahren bei einem Sushi-Meister erlernte. Wenn Sie einfach nur einen Kaffee trinken und sich dabei von internationalen Modemagazinen oder einem Buch inspirieren lassen wollen, können Sie sich gut im Café der Buchhandlung **Books & Books** niederlassen.

ÜBRIGENS

Der Besitzer der unabhängigen Buchfilialkette **Books & Books,** Mitchell Kaplan, ist ein Tausendsassa. Er hat z. B. die renommierte Buchmesse Miami Book Fair International (www.miamibookfair.com) mit aus der Taufe gehoben und widmet sich als Co-producer der Verfilmung von Romanen.

Kontrastprogamm in der Natur

Nördlich von Bal Harbour führt die Collins Avenue, auch **Gold Coast Highway** genannt, als Brücke über eine Meerenge auf das Festland hinüber. Nach ca. 4 km geht es links über eine weitere Brücke in den **Oleta River State Park** ❶, ein ca. 4 km² großes Naturschutzgebiet. Hier kann man durch Sümpfe wandern, Fahrrad fahren, auf dem Oleta River paddeln und dichten Mangrovenwald erleben. Pelikane und Fischadler lassen sich beobachten und mit etwas Glück Delfine und Seekühe.

Wo geht's denn hier zum Strand?

Das 1920 von einem Privatinvestor gegründete **Sunny Isles Beach,** heute eine Stadt mit 21 000 Einwohnern, gilt als ›Riviera von Südflorida‹. Die Küste ist dicht mit Apartmenthäusern und Hotels bebaut, was den Zugang zum Strand erschwert. An der 174th Street liegt jedoch etwas versteckt ein städtischer Parkplatz, von dem aus man ans Meer gelangt.

Auch ohne die teils horrenden Zimmerpreise zu bezahlen, können Sie den Meerblick von den Sonnenterrassen der Hotels genießen, einen Cocktail schlürfen oder lunchen. Zu empfehlen ist z. B. das **Caracol Restaurant** ❼ im Marenas Beach Resort, das amerikanisch-lateinamerikanische Spezialitäten kreiert.

Im Haulover Park ❷ *nördlich von Bal Harbour erwarten Sie Dutzende von Kilometern an weißem Sand, endlose Dünen und überdies ausgezeichnete Surfwellen.*

INFOS/ÖFFNUNGSZEITEN

Oleta State Park ❶: 3400 NE 163rd St., T 305 919 1846, www.floridastateparks.org/park/Oleta-Rive, tgl. 8 Uhr bis Sonnenuntergang, 6 $ pro Pkw

KULINARISCHES FÜR ZWISCHENDRIN

Josh's Deli ❶: 9517 Harding Ave., T 305 397 8494, www.joshsdeli.com, tgl. 8.30–3 Uhr

Backyard BBQ ❷: 9460 Harding Ave. T 305 763 8818, www.backyardmiami.com, So–Do 12–23, Fr 12–15 Uhr

Cafe Ragazzi ❸: 9500 Harding Ave., T 305 866 4495, http://caferagazzi.com, tgl. 11.30–23.30 Uhr

Sushi Republic ❹: 9583 Harding Ave., T 305 867 8036, www.sushirepublic.net, Mo 17–22.30, Di–Fr 12–15, 17–22.30, Sa 17–22.30, So 17–22 Uhr

Le Zoo ❺: 9700 Collins Ave., T 305 602 9663, www.lezoo.com, Mo–Fr 11.30–23, Sa, So 11–23 Uhr

Makato ❻: 9700 Collins Ave., T 305 864 8600, http://makotorestaurant.me, tgl. 11.30–16, Do–So 16–11 Uhr

Caracol Restaurant ❼: 18683 Collins Ave., T 305 503 6000, www.marenasresortmiami, tgl. 7–23 Uhr

(WINDOW-)SHOPPING

Bal Harbour Shops ❶: 9700 Collins Ave., www.balharbourshops.com, tgl. 10–21 Uhr, ► S. 102

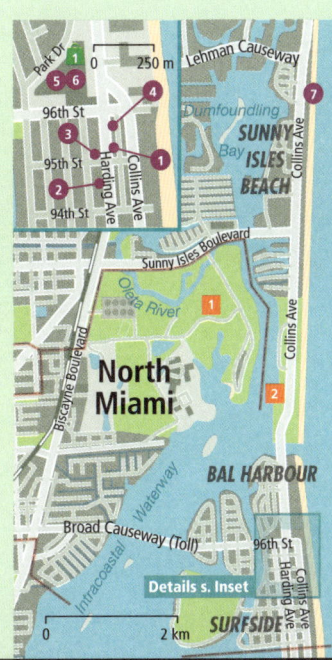

Cityplan: Karte 4, E/F 1–3 | **Bus** 120: Collins Ave. & 90th St.; Collins Ave. & 192nd St.

31

Karibisches Karree –
Little Haiti

Lärmende Straßenmärkte, auf denen Rohrzucker und Mangos verkauft werden, kleine Läden mit Voodoo-Devotionalien und Duftessenzen, Cafés aus denen der Geruch exotischer Gerichte und karibische Rhythmen herüberwehen – ›Klein Haiti‹ ist eine ganz eigene Welt am Rande von Downtown.

Neben Kunst, Musik und Theater wird auch die karibische Karnevalskultur mit ihrer Farbenpracht in Little Haiti lebendig gehalten und an die nächste Generation weitergegeben.

Neben Little Havana ist Little Haiti das größte homogene Einwandererviertel von Miami. Seit der Machtübernahme des Diktators ›Papa Doc‹ Duvalier in Haiti Ende der 1960er-Jahre strömten immer wieder Wellen haitianischer Flüchtlinge nach Nordamerika – zuletzt nach dem Erdbeben von 2010 und der Flutkatastrophe von 2017. Viele hoffen, irgendwann in die Heimat zurückkehren zu können. In Little Haiti hatten sie sichere

Zuflucht gefunden, insbesondere nachdem die US-Regierung ihnen nach der Katastrophe von 2010 unbefristeten Aufenthalt gewährt hatte. Seit Donald Trump Präsident ist, geht jedoch die Furcht um. Er hat den Schutz aufgehoben, den Obama den Haitianern gewährt hatte. US-weit droht nun 60 000 Haitianern die Ausweisung, obwohl die Zustände in Haiti noch immer chaotisch sind. Der kubanischstämmige Bürgermeister des Miami-Dade Countys, Carlos A. Giménez, hat trotz massiver Proteste aus der Bevölkerung erklärt, dass er mit Trump kooperieren wolle.

Treffen mit Tanz und Trommelklang

Bislang ist die Oase in Miami jedoch intakt und bietet dem Besucher die Möglichkeit, authentisch afrokaribische Kultur zu erleben. Beginnen Sie Ihre Erkundung im Herzen des Stadtteils, dem **Little Haiti Cultural Center** 1 an der NE 2nd Avenue, der Hauptader durch Little Haiti. Das Zentrum beherbergt einen Markt, in dem Sie haitianische Kunst und Kunsthandwerk kaufen können, und eine Galerie, die in Wechselausstellungen sowohl Werke lokaler wie auch im Ausland lebender Künstler zeigt. Bühne frei für Schauspielkunst von Profis und Amateuren heißt es im angeschlossene Proscenium Theatre. Unter den vielen Angeboten des Zentrums – Lesungen, Konzerte, Vernissagen, Kurse für die Locals – ragt das Event **Big Night in Little Haiti** im Innenhof heraus, das an jedem dritten Freitag des Monats stattfindet. Es ist ein karibisches Rundumerlebnis: Afrokaribische Trommeln erklingen, Tanzgruppen und örtliche Bands treten auf und es gibt karibisches Essen.

Ein Treffpunkt ist die Buchhandlung **Libreri Mapou** 1. Hier findet man nicht nur rund 3000 Bücher auf Französisch, Kreolisch und Englisch, sondern auch Bilder und Gemälde haitianischer Künstler. Außerdem gibt's immer wieder mal Tanz- und Trommeldarbietungen sowie Lesungen des Besitzers Jon Mapou.

Haitianische Kostproben

Am authentischsten erlebt man ›Klein-Haiti‹ indes durch die Musik und das Essen. Kaum irgendwo sonst in Nordamerika haben Sie so gute Möglichkeiten, die echte karibische Kochkunst zu

In Little Haiti gibt es eine Reihe von ›Botanica Shops‹, z. B. Toute Divisions Botanica. Sie verkaufen jede Menge Voodoo-Devotionalien – anders, als man denken könnte, keine mit Nadeln gespickten Puppen. Die westafrikanische Voodoo-Religion hat sich in Haiti mit dem Katholizismus vermischt und so findet man in den Läden Figuren christlicher Heiliger neben solchen der loa genannten Voodoo-Götter, zudem Duftessenzen u.v.m.

Das Raumangebot im Little Haiti Cultural Center ist so vielfältig, dass auch Tanzaufführungen möglich sind – und zwischen den Proben verdiente Pausen.

ÜBRIGENS

Bevor Haitianer in den 70ern nach Miami strömten, war das heutige Gebiet von Little Haiti eine afroamerikanische Arbeitergegend. Das Verhältnis zwischen den schwarzen Amerikanern und den Haitianern ist deshalb bis heute teils angespannt. Als Little Haiti 2016 offiziell als Viertel anerkannt wurde, gab es Proteste, die forderten, den älteren Stadtteilnamen Lemon City wieder anzunehmen, der auf die Zitronenplantagen des 19. Jh. zurückgeht, auf denen die Schwarzen damals Arbeit fanden. Die meisten Afroamerikaner der Unterschicht leben heute in Overtown.

erleben, wie in Miami. Die Restaurants mit haitianischer Küche liegen teils etwas versteckt im Viertel, doch das Suchen lohnt sich.

Das beliebteste haitianische Restaurant der Stadt ist zweifellos **Chez Le Bebe** ❶. Freitagabends stehen die Menschen vor dem Eingang auch schon mal Schlange. Angeblich gibt es hier das beste *griot* der Stadt – ein herzhafter Eintopf aus Schweinefleisch – und das seit 1980.

Chef Creole ❷ von Ken Wilkinson ist hingegen für seine Meeresfrüchte bekannt. Neben kreolischen Shrimps kann man u. a. Hummerschwänze mit Mehlbananen in Wilkinsons hausgemachter ›Pikliz‹-Soße probieren, einer köstlichen Komposition aus marinierten und eingelegten Gemüsen.

Der **B & M Market & Roti Shop** ❸ ist eigentlich ein karibischer Markt. Doch im hinteren Teil des Familienbetriebs werden frische karibische Gerichte gekocht, die man auf die Hand für ein paar Dollar bekommt und an den wenigen schlichten Tischen verzehren kann. Nichts an dem Erlebnis ist schick oder elegant, alles dafür kulinarisch einzigartig.

Nicht haitianisch, dafür original jamaikanisch ist **Clive's Cafe** ❹ im Herzen von Little Haiti. Hier werden am offenen Grill karibische Standards wie mariniertes Jerk Chicken oder Ziegeneintopf zubereitet. Wie in den meisten Lokalen von Little Haiti wird man in Clive's Cafe kaum Touristen begegnen.

Little Haitis Sound – Jazz und Reggae

Um etwas über die Musikszene von Little Haiti zu erfahren, gibt es keinen besseren Ort als **Sweat Records** 🄸, einen der letzten Läden in Miami, der noch Vinyl führt. Er fungiert auch als Café, kleiner Konzertraum sowie Treffpunkt der karibischen Community und der lokalen Musikszene.

In **Churchill's Pub** 🅧 kann man für kleines Geld einen wunderbaren Abend bei klassischem Jazz, karibischen Klängen oder alternativem Rock verbringen, dabei ein paar Bier trinken, Billard spielen und Menschen kennenlernen, die in Little Haiti leben.

INFOS/ÖFFNUNGSZEITEN
Little Haiti Cultural Center 🔲:
212–260 NE 59th Terrace, T 305 960 2969, www.littlehaiticulturalcenter.com, Mo–Fr 10–21, Sa 10–16 Uhr

KARIBISCHE KÜCHE
Chez Le Bebe 🔴: 114 NE 54th St., T 305 751 7639, tgl. 8–23 Uhr
Chef Creole 🔵: 200 NW 54th St., T 305 754 2223, www.chefcreole.com, tgl. 11–23 Uhr
B & M Market & Roti Shop 🟢: 219 NE 79th St., T 305 757 2889, tgl. 9.30–20 Uhr
Clive's Cafe 🔴: 5890 NW 2nd Ave., T 305 757 6512, www.clivescafe.com, Mo–Sa 7.30–21 Uhr

BÜCHER, PLATTEN & VOODOO
Libreri Mapou 🟩: 5919 NE 2nd Ave., T 305 757 9922, www.mapoubooks.com, Mo–Sa 10–18, So 10–12 Uhr
Sweat Records 🄸: 5505 NE 2nd Ave., T 786 693 9309, www.sweatrecordsmiami.com, tgl. 10–22, So 10–17 Uhr

Toute Divisions Botanica 🄸: 135 NE 54th St., T 786 306 2960, tgl. 10–20 Uhr, ► S. 33

CHILLEN
Churchill's Pub 🅧: 5501 NE 2nd Ave., T 305 757 1807, http://churchillspub.com, tgl. 17–5 Uhr

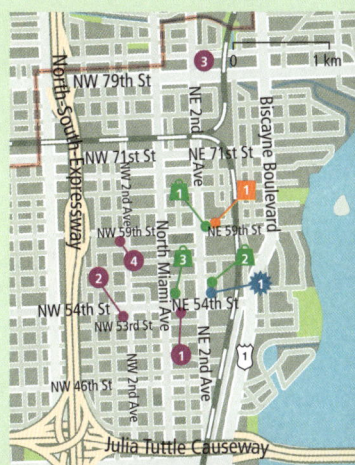

Cityplan: Karte 4, D/E 3/4 | **Bus** 9, 10: NE 2nd Ave. & 59th Terr.

Kauflust, Konzerte und Kunst in Downtown – **Design District**

Exklusive Shops, internationale Spitzenkunst, elegantes Dining – der junge Design Distrikt im Norden der Downtown, zwischen NE 36th Street und NE 41st Street, ist Inbegriff des neuen kosmopolitischen Selbstverständnisses der Stadt. Klein an Größe, war er ein Impulsgeber für Miamis Wiedergeburt in den letzten 15 Jahren.

Wahrhaft tonangebend sind im Design District die lokalen Lieblinge Gloria und ihre Tochter Emily Estefan (im Bild). Der Palm Court dient aber auch anderen als Open-Air-Bühne, z. B. den Musikern des Miami Symphony Orchestra.

Was Wynwood für junge, aufstrebende Kreative ist, ist der Design District für die arrivierte Geschmackselite von Miami. Bereits in den 1920er-Jahren, der ersten großen Boomzeit der Stadt, gab es besonders viele Möbel- und Einrichtungshäuser in dieser Gegend. In den 1980er-Jahren verfiel das Viertel jedoch zunehmend. Das

Blatt wendete sich, als der Immobilienentwickler Craig Robins, der schon die Revitalisierung von South Beach vorangetrieben hatte, das Viertel für sich entdeckte.

Stadtentwicklung auf Premiumniveau

Robins knüpfte an die Interior-Design-Tradition an und lockte internationale Spitzenmarken wie die italienischen Firmen Ornare, Oggetti oder Versace Home in den District. Schon bald avancierte dieser zur Shoppingadresse Nummer eins der Elite Miamis, die auf der Suche nach geschmackvollen Möbeln und Accessoires für ihre Villen in Belle Isle oder ihre Penthouses in Brickell war. Doch Robins wollte dieser Klientel mehr bieten als nur Spitzendesign. Der Distrikt sollte zu einem Rundumerlebnis aus Luxus-Shopping, gehobenem kulinarischem Vergnügen und Kunstgenuss werden.

Die alte Baustruktur hat neuen Pep bekommen: Zaha Hadids »Elastika« im Moore Building.

Gleich am **Palm Court** 1, dem zentralen Platz des Viertels, erblicken Sie ein Kunstwerk des Universalgenies Buckminster Fuller: den 7 m hohen **Fly's Eye Dome.** Der erste Entwurf für das vom Auge einer Fliege inspirierte Werk – einer Vision für das Wohnen der Zukunft – entstand 1965. Die Skulptur vor dem Palm-Court-Shoppingcenter ist eine Nachbildung mit modernen Materialien.

Wie Kaugummi muten die zwischen die Galerien gespannten Strukturen im Innern des sanierten **Moore Building** 2 (3841 NE 2nd Ave.) an, das eine reizvolle Eventlocation ist. »Elastika« heißt diese Arbeit der 2016 in Miami verstorbenen Londoner Architektin Zaha Hadid. In dem 1921 errichteten Bau betreibt der angesagte New Yorker Designer **Jonathan Adler** (www.jonathanadler.com) einen Einrichtungsstore. Das **Institute of Contemporary Art (ICA)** 3, das übergangsweise in dem Gebäude untergebracht war, hat 2017 in der Nähe sein neues, von den spanischen Architekten Aranguren+Gallegos entworfenes Domizil mit spektakulärer Metallfassade und Skulpturengarten bezogen. Nun kann es auf über 11 000 m² zeitgenössische experimentelle Kunst zeigen – und das dank edler Spender gratis.

Viele Türen zur Kunst

Über das gesamte Viertel verteilt liegen mehr als 60 Galerien für zeitgenössische Kunst, die während der Kunstmesse Art Basel Miami Beach neben

ÜBRIGENS

Oliver Sanchez, selbst Künstler, versteht seine Galerie **Swampspace** 4 als Ort der Begegnung von Menschen, die die Werte, für die Kunst steht, schätzen. Weil er ein großes Atelier hatte, wandten sich Kollegen auf der Suche nach einem Ausstellungsraum oft an ihn. So wurde er zum Galeristen – inzwischen mit neuen Räumlichkeiten (Vernissagen und Events s. Website: http://swampspace.blogspot.de).

INFOS/ÖFFNUNGSZEITEN

www.miamidesigndistrict.com:
Überblick über Galerien, Shops, Lokale
DesignMiami Dez., renommierte
Designmesse mit interessantem Begleit-
programm, www.designmiami.com
**Institute of Contemporary Art (ICA
Miami) 3:** 61 NE 41st St., T 305
901 5272, www.icamiami.org, Di–Sa
11–19 Uhr, Eintritt frei, ▶ S. 79
Swampspace 4: 3940 N Miami Ave.,
T 305 710 8631, http://swampspace.
blogspot.de
Markowicz Fine Art 5: 110 NE 40th
St., T 786 615 8158, www.markowicz
fineart.com

KULINARISCHES FÜR ZWISCHENDRIN
Estefan Kitchen 1: 140 NE 39th St.,
T 786 843 3880, www.estefankitchen.
com, tgl. 11.30–24 Uhr
Michael's Genuine Food & Drink 2:
130 NE 40th St., T 305 573 5550,
www.michaelsgenuine.com, Mo–Sa ab
11.30, So ab 11 Uhr, ▶ S. 91
Harry's Pizzeria 3: 3918 N Miami
Ave., T 786 275 4963, www.harrys
pizzeria.com, So–Do 11.30–22, Fr, Sa
11.30–24 Uhr

Cityplan: Karte 4, D 4 | **Bus** 3, 93: Biscayne Blvd. & NE 36th St.

*Schöner shoppen, heißt
es im Design District.*

South Beach zu einem weiteren Zentrum werden. Zu den beliebtesten gehören **Swampspace 4** von Oliver Sanchez, der Arbeiten von lokalen Künstlern zeigt (▶ S. 37) und **Markowicz Fine Art 5** von dem Franzosen Bernard Markowicz, der u. a. Damien Hirst und Fernando Botero vertritt.

Promi-Watching im Restaurant

Paradiesische Zustände für Fashionistas: Entlang der NE 39th und der NE 40th Street reihen sich die Outlets aller namhaften internationalen Marken auf – von Louis Vuiton über Harry Winston bis zu Céline. Fifth Avenue des Südens wird die Gegend treffend genannt. Und die Restaurantszene? Die ist ebenso gehoben – Promifaktor inklusive. Eine erste Adresse ist **Estefan Kitchen 1**, das kubanische Klassiker mit modernem Touch bietet und so die Esskultur der Heimat von Popstar Gloria Estefan und ihres Ehemanns Emilio zelebriert, denen das Lokal gehört. Den Design District auf die kulinarische Landkarte gesetzt hat jedoch Starkoch Michael Schwartz mit **Michael's Genuine Food & Drink 2**. Wer dessen Kunst für weniger Geld genießen möchte, steuert **Harry's Pizzeria 3** an.

Durch Farbe zum Leben erweckt –
Wynwood Art District

 # 6

Egal aus welcher Richtung man sich dem Viertel nähert, Wynwood flashed einen komplett. Inmitten einer postindustriellen Brachlandschaft mit graffitibeschmierten Autowerkstätten und ärmlichen Wohnhäusern taucht auf einmal ein buntes Karree mit Streetart und ultracoolen Galerien auf, das vor kreativer Energie nur so strotzt.

Dass die Sache so explodieren würde, hat sicher niemand geahnt. Nur sechs Gebäude waren es anfangs, die in dem tristen Stadtteil Wynwood für Graffiti freigegeben wurden. Streetart-Künstler verwandelten die Fassaden in kraftvolle Kunstwerke, die Wynwood Walls, Keimzelle des heute

Die Streetart-Werke in Wynwood haben die Kunstszene der Stadt mit Energie befeuert. Riesig und fensterlos sind die Fassaden der Lagerhallen die perfekten Leinwände für die Meister und Meisterinnen der ›Straßenkunst‹.

weit über die Grenzen Miamis hinaus bekannten Wynwood Art District. Mit ihrer kreativen Power nahmen Sprayer und Muralmaler – darunter einige der berühmtesten der Szene wie Haas & Hahn und Swoon – rund um die ›Walls‹ Gebäude um Gebäude in Besitz, eine gigantische Open-Air-Galerie entstand.

Murals mit Message

Die **Wynwood Walls** 1 sind bis heute das Zentrum des Viertels. Einer der ersten Künstler, der sich hier austobte, war Shepard Fairey. Selbst wer den Namen nicht kennt, wird seine Obama-Poster mit dem Schriftzug »Hope« (2008) schon mal gesehen haben. Für die ›Walls‹ schuf der politisch engagierte *Street artist* und Grafiker 2009 u. a. ein Porträt von Aung San Suu Kyi, der damals unter Hausarrest stehenden Oppositionsführerin in Myanmar – eine klare Botschaft. Das Restaurant **Wynwood Kitchen & Bar** ❶ wurde ebenfalls von Fairey mitgestaltet. Auch die Japanerin Aiko war 2009 mit dabei. Ihr vom japanischen Holzschnitt beeinflusstes Wandbild »Champions« erneuerte sie 2013.

Zum Areal der Wynwood Walls gehören außer einem Café und einer Galerie der **Wynwood Walls Shop**, wo man T-Shirts und Kunstobjekte kaufen kann. Hier bekommen Sie nicht nur Infos über die Wynwood Walls, die **Wynwood Doors** (2010) und den **Wynwood Garden** (2015) mit weiteren Murals, sondern über das gesamte Viertel.

Was gleich bleibt, ist die Veränderung

Für Sprayer und Maler ist es heute eine große Ehre, sich an den Wynwood Walls oder an einem anderen Ort im Viertel mit einem Werk verewigen zu dürfen. Wobei: Ewigkeit ist kein Begriff, der zu Wynwood passt. Der Distrikt ist in ständigem Wandel begriffen. Einen besonderen Push für die Streetart und für die heute rund 70 Galerien in Wynwood bringt alljährlich im Dezember die Art Basel Miami Beach. Mitinitiatoren der Kunstmesse waren Mera und Don Rubell. Das New Yorker Ehepaar zählte zu den ersten Galeristen, die sich in Wynwood niederließen, schon 1993 erwarben sie hier ein Lagerhaus. Die Rubells waren mit Keith Haring befreundet, dessen Werke sie sammelten und durch den sie viele inzwischen berühmte Künstler kennenlernten. Die **Rubell Family Collection** 2 ist heute eine

Mural von Miss Van (Ausschnitt). Die 1973 geborene Künstlerin stammt aus Toulouse in Frankreich, wo sie im Alter von 18 Jahren erste Wandgemälde kreierte. Bekannt wurde sie vor allem durch ihre ›Puppen‹, erotische Frauengeschöpfe, die die unterschiedlichsten Gefühle zum Ausdruck bringen. Wie viele Streetart-Künstler wechselt Miss Van (eigentlich Vanessa Alice Bensimon) immer wieder von der Straßenkunst in andere Genres.

der bedeutendsten Sammlungen zeitgenössischer Kunst der Welt mit Werken u. a. von Jean-Michel Basquiat und Ai Weiwei. Für Ende 2019 ist allerdings ein Umzug in den Allapattah District geplant.

In **The Margulies Collection at the Warehouse** **3** steht ebenfalls die zeitgenössische Kunst im Fokus. Die Ausstellungen werden von von einem anspruchsvollen, jedoch keineswegs elitären Veranstaltungsprogramm begleitet.

Wie alles begann

Schon lange hatte der Immobilienentwickler David Lombardi Wynwood wegen der Nähe zur Downtown im Blick gehabt, bevor er sich Anfang der 2000er-Jahre in dem heruntergekommenen Stadtteil die ersten Grundstücke sicherte. Welche Perspektive wäre für Wynwood die beste, fragte er sich. Auf die entscheidende Idee brachte ihn der Besuch einer Vernissage in einer von jungen experimentierfreudigen Künstlern betriebenen Galerie in Wynwood: Die Vision von einer »living/working artistic community« ließ ihn nicht mehr los. Er kaufte immer mehr Gebäude und stellte sie Künstlern und Galeristen günstig zur Verfügung. Die schienen nur auf eine solche Gelegenheit gewartet zu haben. Bei den »Roving Fridays«, Spaziergängen durchs Viertel, brachte Lombardi Künstler und Galeristen mit Kunstinteressierten zusammen.

Noch ein anderer fing Feuer für Wynwood: Tony Goldman, der bereits Stadtteile in New York sowie Miami Beach revitalisiert hatte. Ab 2005 kaufte er über 20 Industriebauten in Wynwood auf. Einige ließ er 2009 von Streetart-Künstlern aus der ganzen Welt bemalen – die Wynwood Walls waren geschaffen. Der Rest ist (Streetart-)Geschichte …

→ **UM DIE ECKE**

Bereits 1998 wagten sich drei Künstler aus Miami mit ihrer Non-Profit-Galerie **Locust Projects** **4** in den Wynwood District vor. In ihren heutigen Ausstellungsräumen ein wenig außerhalb des Wynwood District können Sie experimentelle Kunst der Gegenwart entdecken. Hochspannend ist auch sein Besuch der Galerie **Pan American Art Projects** **5** in Little Haiti, die mit ihrem Programm einen Dialog mit der lateinamerikanischen Kunstszene anstrebt.

S SAMSTAGS

An jedem zweiten Samstag im Monat öffnen die Galerien und andere kulturelle Einrichtungen des Viertels zwischen 19 und 23 Uhr zum **Wynwood Art Walk.** Dann werden die Straßen mit Musik-, Tanz- und anderen Darbietungen lebendig, Food Trucks bieten Köstlichkeiten der verschiedensten Art an und die Bars des Viertels sind rappelvoll (http://wynwoodartwalk.info).

Street Art in progress. »A Museum of the Streets« schwebte dem Kunstagenten und Kurator Jeffrey Deitch (http://deitch.com) vor, der Tony Goldman 2009 bei der Auswahl der Künstler für das Wynwood-Walls-Projekt beriet.

A ABENDS

Edelrestaurants wie das **Alter** ❹ oder **KYU** ❺ locken abends Kenner aus der Stadt nach Wynwood, ebenso wie die Barszene. Die **Concrete Beach Brewery** 🌒 zählt mit ihrem selbst gebrauten Bier und dem Biergarten zu einem der Hotspots.

Coworking oder Chillen

Wynwood ist heute viel mehr als ein Kunstviertel, es ist die Heimat von Miamis Boheme. Viele Jungkreative verbringen den Tag im **Panther Coffee** ❷, um an ihren Start-up-Ideen oder Designkonzepten zu arbeiten. Ein beliebter Treffpunkt ist **The Wynwood Yard** ❻, wo man im Freien sitzen und sich Essen von umstehenden Food Trucks holen kann. Abends verwandelt sich der Yard in einen Club bzw. eine Bar mit Livemusik, wie etwa am Reggae Sunday (Infos zu Essen und Events s. www. thewynwoodyard.com). Ähnlich multifunktional ist das **Coyo Taco** ❸: tagsüber ein beliebtes Taco-Fastfood-Restaurant, abends zuweilen Nachtclub mit House-Musik und karibischen Trommlern.

INFOS/ÖFFNUNGSZEITEN

Wynwood Walls `1`: 2520 NW 2nd Ave., www.thewynwoodwalls.com, Mo–Do 10.30–23.30, Fr, Sa bis 24, So bis 20 Uhr, Eintritt frei; **Wynwood Walls Shop**: ► S. 101

Rubell Family Collection/Contemporary Arts Foundation `2`: 95 NW 29th St., T 305 573 6090, http://rfc.museum, Mi–Sa 10–17.30 Uhr, 10 $

The Margulies Collection at the Warehouse `3`: 591 NW 27th St., T 305 576 1051, www.margulieswarehouse. com, Di–Sa 11–16 Uhr, 10 $

Locust Projects `4`: 3852 North Miami Ave., T 305 576 8570, www.locust projects.org, Di–Sa 11–17 Uhr

Pan American Art Projects `5`: 6300 NW 2nd Ave., T 305 751 2550, http:// panamericanart.com, Di–Fr 10–18, Sa 12–18 Uhr

KUNSTVOLL SCHLEMMEN

Wynwood Kitchen & Bar ❶: 2550 NW 2nd Ave., T 305 722 8959, www. wynwoodkitchenandbar.com, Mo–Sa 11.30–15.30, 17.30–22.30, Do–Sa länger, So 11.30–16.30 Uhr, ► S. 93

Panther Coffee ❷: 2390 NW 2nd Ave., T 305 677 3952, www.panthercoffee. com, tgl. 7–21 Uhr

Coyo Taco ❸: 2300 NW 2nd Ave., T 305 573 8228, http://coyo-taco.com/ wynwood, Mo–Sa 11–3, So 11–23 Uhr, ► S. 92

Alter ❹: 223 NW 23rd St., www.alter miami.com, Di–So 19–23 Uhr, ► S. 91

KYU ❺: 251 NW 25th St., T 786 577 0150, http://kyumiami.com, Mo–Sa 12–23.30, So 11–22.30 Uhr, ► S. 95

BIER & BIERGARTEN

Concrete Beach Brewery 🌒: 325 NW 24th St., T 305 796 2727, http:// concretebeachbrewery.com, So–Do 12–24, Fr, Sa 12–2 Uhr

Cityplan: Karte 4, D 4/5 | **Bus** 2: NE 2nd Ave. & NE 29 St.

Business, Bars und Hightech-Museen – **Downtown Miami**

Die Innenstadt von Miami wirkt auf den ersten Blick kühl und abweisend. ›Streetlife‹ gibt es zwischen den Bürotürmen tagsüber kaum. Allein in den Parks an der Bucht wie dem Museum Park und dem Bayfront Park können Sie sich unter die Menschen mischen, die hier flanieren, joggen oder picknicken.

Heute kann man sich getrost wieder ins Zentrum von Miami vorwagen. Vor zwei Jahrzehnten sah das noch ganz anders aus: Wie viele amerikanische Innenstädte war Downtown Miami bis in die 1990er-Jahre hinein verwahrlost und von Kriminalität geplagt. In den vergangenen Jahren wurde die Gegend zwischen der SW 11th Street im

Brille aufziehen und einen Blick auf die Kunst des 20. und 21. Jh. werfen. Das Pérez Art Museum reizt in seinen Ausstellungen auf rund 18 600 m² die aktuellsten technischen Möglichkeiten der Präsentation aus.

Drei Theater, Sunset-Pool, Fitnessräume, Yoga- und Pilatesangebote, Working-Spaces, Cafés, Bars, Kinderparadies und ein Bereich allein für Hunde ... Ach so, und wohnen kann man im Panorama Tower natürlich auch.

Zum Herumlaufen ist Downtown Miami nicht ausgelegt, was schon allein daran liegt, dass es selbst im Winter oft zu heiß ist. Man steuert sein Ziel mit dem Auto an und parkt in einem der vielen Parkhäuser. Eine bequeme Alternative ist die vollautomatische Magnetbahn **Metromover.** Einen Einkaufsbummel im europäischen Sinn kann man bestenfalls entlang Miamis alter Hauptader, der **Flagler Street,** machen, wo Kaufhäuser wie **Macy's** 🟢 dominieren.

Süden und der Interstate 395 im Norden jedoch grundsaniert und ist mittlerweile auch wieder als Wohngebiet begehrt. Am deutlichsten ist das im **Brickell District** südlich des Miami River zu spüren. In den vergangenen zehn Jahren sind hier Dutzende von neuen, hochmodernen Wolkenkratzern aus dem Boden geschossen. Sie stellen die alte Businesstower-Skyline von Downtown, die bis in die Art-déco-Zeit zurückreicht, in den Schatten. Zu den neuen Superwolkenkratzern des Brickell gehört der **Panorama Tower** 🟥1. Erst 2017 fertiggestellt, ist er derzeit mit 265 m das höchste Gebäude in Miami.

Bei so viel Dynamik ist es kein Wunder, dass der Bezirk auch zum eleganten Ausgehviertel geworden ist. Zu den Hauptattraktionen zählen die neuen Shoppingcenter, wie das spektakuläre **Brickell City Centre** 🟥2 oder das **Mary Brickell Village** 🟥3. Dass diese Einkaufszentren, in denen die Miamianer gerne auch mal den ganzen Tag verbringen und abends die Bars besuchen, so hochklassig und schick sind, ist ein deutliches Zeichen für die Wiedergeburt von Downtown Miami.

Hängende Kunst und hängende Gärten

Downtown Miami ist auch der zentrale Kulturbezirk der Stadt. Die Hauptattraktionen finden sich direkt am Wasser im **Museum Park.**

Zeitgenössische Kunst steht im hypermodernen **Pérez Art Museum** 🟥4 im Mittelpunkt. Zur Sammlung gehören Künstler der Nachkriegszeit wie Dan Flavin oder James Rosenquist. Viel Raum gegeben wird auch multimedialer Kunst sowie Kunst aus Lateinamerika. Interaktive Stationen, Filme und Virtual-Reality-Darbietungen schärfen den Blick für Kunstwerke. Entworfen wurde der Bau von den renommierten Schweizer Architekten Herzog & deMeuron, nach deren Plänen auch die Tate Modern in London entstand. Das Meer und die tropische Vegetation der Umgebung wurden in die Architektur einbezogen und bilden – ergänzt durch hängende Gärten an der Fassade – eine einmalige Symbiose mit der Kunst.

Von der Terrasse des Museumsrestaurants **Verde** 🟠1 haben Sie einen zauberhaften Meeresblick und können sich zugleich z. B. Kürbisblütenpizza oder Grillhuhn-Sandwiches mit Avocado einverleiben. Auch zum Brunchen ist der Ort perfekt.

INFOS/ÖFFNUNGSZEITEN

Brickell City Centre : 701 S Miami Ave., T 305 350 9922, www.brickellcity centre.com, tgl. 10–21.30 Uhr, ▸ S. 102

Mary Brickell Village : 901 S Miami Ave., www.marybrickellvillage.com, tgl. bis 21 Uhr, Lokale länger, ▸ S. 103

Pérez Art Museum : 1103 Biscayne Blvd., T 305 375 3000, www.pamm.org, Fr–Di 10–18, Do 10–21 Uhr, 16 $

Phillip and Patricia Frost Museum of Science : 1101 Biscayne Blvd., T 305 434 9600, www.frostscience.org, tgl. 9.30–17.30 Uhr, 29 $

Freedom Tower : 600 Biscayne Blvd., T 305 237 7700, www.mdcmoad. org, 2018 wg. Renovierung geschl.

HistoryMiami Museum : 101 W Flagler St., T 305 375 1492, www.histo rymiami.org/museum, Di–Sa 10–17, So 10–16 Uhr, 10 $

BEI STARKÖCHEN SPEISEN?

Verde : im Pérez Art Museum (s.o.), T 305 375 8282, www.pamm.org/ dining, 11–21 Uhr, Hauptgerichte ab 12 $. Leichte Gourmetküche.

Für einen schnellen Imbiss im Bayside Marketplace (s. rechts) gehen Sie am besten ins **Café Con Leche** . Hier gibt's einen exzellenten kubanischen Kaffee und kubanische Snacks auf die Hand wie z. B. Empanadas.

Der Gourmetrend in Downtown sind Hotelrestaurants, denn hier tummeln sich die Starköche. Ein Magnet ist das **15th & Vine Kitchen and Bar** im W Hotel (485 Brickell Ave., T 305 503 4400, www.wmiamihotel.com, ▸ S. 94). Für lateinamerikanische Küche gehen Sie am besten ins **Toro Toro** im IntercontinentalMiami (100 Chopin Plaza, T 305 372 4710, www.torotoromiami.com).

COCKTAILBARS UND CLUBS

Gut für den Auftakt ist das **Mary Brickell Village** , wo sich die Locals nach der Arbeit zum Cocktail treffen, um den Abend einzuläuten. Alternativ kann man auf dem Dach des Epic Hotel, in der Bar **Area 31** bei einem Drink den Sonnenuntergang genießen (270 Biscayne Blvd., www.area31restaurant. com, ▸ S. 105). Zu den angesagten Spots der Clubszene zählen **Club Space** (34 NE 11th St., www.club space.com, ▸ S. 108) und **Heart Nightclub** , wo internationale Spitzen-DJs die Nacht zum Tag machen (50 NE 11th St., www.heartnightclub.com). Elegante Kleidung ist Pflicht und vor Mitternacht braucht man gar nicht aufzutauchen.

DOWNTOWN-SHOPPING

Macy's : 22 East Flagler St., T 305 577 1500, http://l.macys.com, Mo, Di, Do 10–18, Mi, Fr, Sa 10–20, So 11–18 Uhr

Bayside Marketplace : 401 Biscayne Blvd., T 305 577 3344, www.bay sidemarketplace.com, Mo–Do 10–22, Fr, Sa, 10–23, So 11–21 Uhr, ▸ S. 102

Tief in die Geschichte der Stadt können Sie im **HistoryMiami Museum** 10 eintauchen. Es bietet auch kundig geführte Miami-Touren zu Fuß, per Boot oder per Fahrrad an (www.historymiami.org).

Wind und Wasser verbunden

Nicht weniger spektakulär ist das benachbarte **Phillip and Patricia Frost Museum of Science** 5, gestiftet von den gleichnamigen Pharmamilliardären. Zum Biscayne Boulevard hin wird man vom Globus des 3D-Planetariums empfangen, zum Meer schließt sich das gigantische **Aquarium** an. Fast buchstäblich tauchen die Besucher hier in eine bunte Meeresfauna ein. Zur Wasserlandschaft, die u. a. von Hammerhaien und Stachelrochen bewohnt wird, gehört ein lebendiges Korallenriff.

2018 wird gegenüber der 62-stöckige Apartmentbau **One Thousand Museum** 6 von Zaha Hadid fertig – in Nachbarschaft weiterer Skyscraper.

Mit seiner futuristischen Kulisse ist der Museum Park ein beliebter Veranstaltungsort, z. B. für das Ultra Music Festival im März (▶ S. 106).

Sonnengruß an der Bayfront

Jenseits der Sport- und Veranstaltungsstätte **American Airlines Arena** 7 liegt in einer eigenen kleinen Bucht, der **Bayside Marketplace** ❷. Er ist Open-Air-Shoppingcenter, Flohmarktort, Konzertarena und Bootsanleger zugleich. Ein perfekter Ort, um sich ein Sandwich zu holen, sich in die Sonne zu setzen und zum Klang einer Liveband die Mittagspause zu genießen.

Den **Bayfront Park** 8 suchen Miamianer wie Besucher der Stadt gleichermaßen auf, um zu joggen, zu picknicken oder einfach nur auf einer Bank die Meeresbrise zu genießen. In den frühen Morgenstunden und zum Sonnenuntergang kann man sich hier bei Gratis-Yoga entspannen und beim Sonnengruß ganz zu sich selbst finden (www.bayfrontparkmiami.com, ▶ S. 85).

Nach den Yogaübungen im Bayfront Park fühlt man sich wie neugeboren.

Turmbau zu Miami

Im **Freedom Tower** 9 wurden in den 1960er-Jahren Zehntausende von kubanischen Flüchtlingen begrüßt und ihre Einwanderung bearbeitet. Heute beherbergt der Tower das **Miami Dade College Museum of Art and Design.** Ein Besuch in dem Museum lohnt allein schon wegen der Dauerausstellung zu den Erfahrungen der kubanischen Diaspora seit der Machtergreifung auf Kuba durch Fidel Castro. Die größtenteils fotografischen Dokumente geben einen bewegenden Einblick in das Leben der Exilkubaner.

Salsa, Samba und Zigarren –
Little Havana

Little Havana ist das Herz des lateinamerikanischen Miami – hier hat das Leben den Rhythmus eines Mambo und den Geschmack einer handgerollten Zigarre. Die lateinamerikanischen Wohngebiete erstrecken sich über viele Meilen rund um die Downtown von Miami. Doch das kulturelle und spirituelle Zentrum des Latino-Miami ist bis heute die Calle Ocho.

Nahezu 70 Prozent der Bevölkerung von Miami stammt aus Lateinamerika – Floridas Metropole ist durch und durch hispanisch geprägt. Das macht sich im Alltag auf vielfältige Weise überall bemerkbar, nicht nur in den klassischen Einwandervierteln wie Little Havana, dort aber ganz besonders.

Im Máximo Gómez Park spielen Exilkubaner und – vereinzelt – Exilkubanerinnen das Spiel ihres Lebens: Domino. Es verbindet sie mit Kuba, ihrer verlorenen Heimat. Genau wie dort kennt in Little Havana die Leidenschaft für das Spiel keine Grenzen.

Ü
ÜBRIGENS

In den vergangenen Jahren wurde der Zustrom an Menschen aus Kuba deutlich von dem aus anderen lateinamerikanischen Ländern wie Venezuela oder Kolumbien übertroffen. Auch die Menschen aus diesen Ländern kommen heute an die Calle Ocho, um ihre Muttersprache zu sprechen, sich auszutauschen und einen Hauch Heimat zu genießen. So ist die Calle Ocho inzwischen ein multikulturelles Latino-Viertel.

Z
ZIGARREN

Sie müssen Sie ja nicht rauchen – zuschauen, wie sie entstehen, ist auch eine Art von Zigarren-Genuss: Bei **El Titan de Bronze** 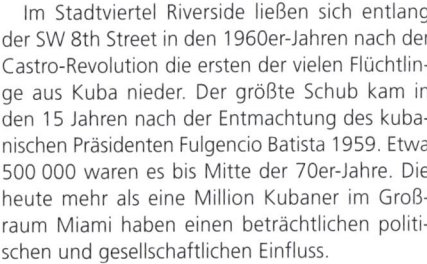 können Sie beobachten, wie Zigarren der verschiedensten Qualitätsstufen von Hand gerollt werden (1071 SW 8th St., www.eltitancigars.com, tgl. 9–17 Uhr).

Im Stadtviertel Riverside ließen sich entlang der SW 8th Street in den 1960er-Jahren nach der Castro-Revolution die ersten der vielen Flüchtlinge aus Kuba nieder. Der größte Schub kam in den 15 Jahren nach der Entmachtung des kubanischen Präsidenten Fulgencio Batista 1959. Etwa 500 000 waren es bis Mitte der 70er-Jahre. Die heute mehr als eine Million Kubaner im Großraum Miami haben einen beträchtlichen politischen und gesellschaftlichen Einfluss.

Eine Straße der Sehnsucht

Die Exilkubaner der 60er- und 70er-Jahre wollten ein wenig von dem Havanna, das sie kannten und liebten – dem Havanna vor dem Kommunismus – in ihre neue Heimat hinüberretten. Am deutlichsten zeigt sich das entlang der **Calle Ocho**, dem Abschnitt der **SW 8th Street** zwischen 14th und 17th Avenue. Hier verbreiten Zigarrenmanufakturen kubanisches Flair, Cafecitos verkaufen Café cortado und kubanische Süßigkeiten und in Markthallen verbindet sich Kunsthandwerk mit Trödel zu einer filmreifen Kuba-Kulisse. Dass man sich hier quasi auf lateinamerikanischem Boden befindet, lässt sich schon am Tagesrhythmus erkennen: Den Vormittag über sprüht die Calle Ocho vor Leben. Dann fällt das Viertel in eine lange Siesta, aus der es erst wieder erwacht, wenn die glühende Sonne von Südflorida untergeht und die Nacht beginnt.

Domino-Effekt im Park

Starten Sie z. B. mit einem Frühstück in der **Tosca Bakery ❶**, die seit 1964 auf der Calle Ocho sowohl leckere Pastelitos de Guayaba (Guavengebäck) serviert als auch Herzhaftes wie Empanadas (gefüllte Teigtaschen), natürlich mit einem vorzüglichen Café con leche. Oder kehren Sie zum Frühstück in der **Arahis Bakery ❷** ein, wo sie ebenfalls ein authentisches kubanisches Frühstückserlebnis mit dem angeblich stärksten Kaffee Miamis erwartet.

Von hier aus lohnt es sich zum **Máximo Gómez Park** oder **Domino Park ❶** zu spazieren, dem eigentlichen Zentrum von Little Havana. Überwiegend ältere Männer finden sich hier tagtäglich ab 9 Uhr morgens ein, um Domino zu spielen, Zigarre zu rauchen und über Castro zu schimpfen. Am Rand stehen lange Bänke für Zuschauer, Kinder

Vitamine und lockeres Socialising ist offenbar eine unschlagbare Kombination – Los Pinareños Fruteria jedenfalls ist mittags oft rappelvoll.

spielen und Frauen treffen sich zum Tratsch. Am Eingang des Parks erinnert ein Denkmal an die kubanischen Freiheitskämpfer, die 1961 bei dem gescheiterten Versuch ums Leben kamen, ihr Heimatland von Castro zurückzuerobern. Wer sich darüber genauer informieren möchte, geht ins nahe **Bay of Pigs Museum** 2. Um sich zu erfrischen, können Sie am Obstmarkt **Los Pinareños Fruteria** am Eingang des Parks halten und Guarapo trinken, frisch gepressten Zuckerrohrsaft.

Unmittelbar außerhalb des Parks beginnt der **Calle Ocho Walk of Fame** oder **Paseo de las Estrellas** 3 (www.walkoffame.com). Hier haben sich exilkubanische Stars verewigt wie die Popsängerin Gloria Estefan, der Boxer Roberto Duran oder die berühmte Radiomoderatorin Martha Flores.

Das **Cubaocho Museum & Performing Arts Center** 4 ist ein Treffpunkt für kubanische Künstler, Intellektuelle und Musiker. In dem Kulturzentrum befinden sich ein kleines historisches Museum und die Kunstsammlung des Exilkünstlers Roberto Ramos. Abends kann man Diskussions- und Musikveranstaltungen besuchen oder einfach nur entspannt in der Café-Bar sitzen, einen Rum trinken und der Livemusik lauschen.

Tanzen, wo Billie Holiday einst sang

So richtig zum Leben erwacht die Calle Ocho erst spät am Abend. Dann kann man hier wunder-

S SAVE THE DATES

Besonders heiß her geht es auf der Calle Ocho jeweils am letzten Freitag im Monat beim **Viernes Cultural** (Cultural Friday). Dann haben die Restaurants und Kneipen Straßenstände aufgebaut, die Musik wird ins Freie verlagert und das Viertel feiert ein gigantisches Straßenfest. Ganz andere Dimensionen hat das **Festival de la Calle Ocho** mit über 1 Mio. Besuchern, das im März stattfindet und ebenfalls mit jeder Menge Musik- und Tanzshows und großem kulinarischem Angebot einhergeht.

Ein Abend im Takt von Little Havana

bar zu heißen Rhythmen die Nacht wegtanzen. Das **Hoy Como Ayer** ist für seine Salsa- und Latin-Funk-Livemusik bekannt. Im **Ball & Chain** , das bereits seit 1935 an dieser Stelle existiert, wird auf der Bühne im lauschigen Hinterhof bis in die Morgenstunden Latin Jazz geboten. Die Location hat eine illustre Geschichte, die lange vor die Zeit der kubanischen Einwanderer zurückreicht. Hier spielten in den 30er- und 40er-Jahren schwarze Jazzstars wie Billie Holliday und Count Basie, nachdem sie in Miami Beach ihre Auftritte vor einem vornehmeren Publikum hinter sich gebracht hatten.

INFOS/ÖFFNUNGSZEITEN

Little Havana Welcome Center: 1442 SW 8th St., T 305 643 5500, www.facebook.com/LittleHavanaWelcomeCenter, Di, Mi 11–16 Uhr

Bay of Pigs Museum : 1821 SW 9th St., T 305 649 4719, www.bayofpigs2506.com, Mo–Fr 9–16 Uhr

Cubaocho Museum & Performing Arts Center : 1465 SW 8th St., # 106, T 305 285 5880, www.cubaocho.com, Di–Sa 11–15, Di bis 22, Do bis 23 Uhr

KUBA AUF DEM TELLER

Tosca Bakery : 545 SW 8th St., T 305 856 0202, www.toscabakery.com, Mo–Sa 6–20, So 7–3 Uhr

Arahis Bakery : 745 SW 8th St., T 305 854 8000, tgl. ab 5 Uhr

Die authentischste kubanische Küche bekommen Sie im **El Rey de las Fritas** , den es seit 1978 an der Calle Ocho gibt. ›Frita‹ ist ein kubanisches Sandwich mit gebratenem Rinderhack, Schweinefleisch und Wurst. Es gibt niemanden, der die Sandwiches besser macht, als der ›Rey‹ (1821 SW 8th St., T 305 644 6054, www.elreydelasfritas.com, Mo–So 8–22 Uhr). Tradionelles aus der Heimat ist auch das Spezialgebiet von **El Exquisito** , z. B. Palomila-Steak (1510 SW 8th St., T 305 643 0227, www.elexquisitomiami.com, 7–23 Uhr, ► S. 96). Das beliebteste kubanische Restaurant von Miami, besonders für den Wochenendbrunch, ist das **Versailles** . Die kubanischen Sandwiches sind ebenso gut wie die Huhn- oder Fischgerichte (3555 SW 8th St., T 305 444 0240, www.versaillesrestaurant.com, Mo–Do 8–1, Fr, Sa 8–2.30, So 9–1 Uhr, ► S. 97). Vor 21 Uhr braucht man nicht in die Restaurants zu gehen.

LATEINAMERIKANISCHE RHYTHMEN

Hoy Como Ayer : 2212 SW 8th St., T 305 541 2631, www.hoycomoayer.us, Di–Sa 20.30–4 Uhr, ► S. 107

Ball & Chain : 1513 SW 8th St., www.ballandchainmiami.com, Mo–Mi 12–24, Do–Sa 12–3, So 12–1 Uhr, ► S. 107

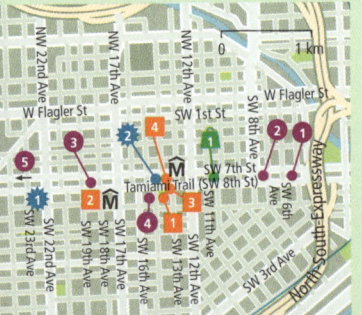

Cityplan: Karte 4, C 5/6 | **Bus** 8: SW 7 St. & SW 16 Ave.; 208: SW 8 St. & SW 15 Ave.

Die Ruhe selbst –
Virginia Key und Key Biscayne

Wenn Sie über den Rickenbacker Causeway kommen, werden Sie es sofort spüren: Auf den Inseln Virginia Key und Key Biscayne ticken die Uhren anders. Der Lärm und die Überdrehtheit von Miami und Miami Beach fallen von einem ab und innere Ruhe kehrt ein. Die Wolkenkratzer von der Downtown und den Beaches sind nur noch eine ferne Kulisse.

Zwei Drittel von Key Biscayne und der davor liegenden kleineren Insel Virginia Key sind Naturschutzgebiet. Die endlos langen Strände der beiden Eilande sind still und beschaulich, laute Musik und Kneipen gibt es nicht. Stattdessen vergnügen sich die Menschen mit Dünenspazier-

›Sandcarver‹ in ihrem Element. Selbst für guinessbuchverdächtige Sandskulpturen geht auf Key Biscayne das Baumaterial nicht aus.

Historic Virginia Key Beach Park  **1**:
http://virginiakeybeachpark.net, tgl.
7 Uhr bis Sonnenuntergang, Pkw Mo–Fr
5 $, Sa, So 8 $

Miami Seaquarium 2: 4400 Rickenbacker Cwy., T 305 361 5705, www.
miamiseaquarium.com, tgl. 10–18 Uhr,
ab 45,99 $

**Marjory Stoneman Douglas
Biscayne Nature Center 4**: 6747
Crandon Blvd., T 305 361 6767, tgl.
10–16 Uhr, www.biscaynenature center.
org, geführte Tour 14 $

**Bill Baggs Cape Florida State
Park 5**: 1200 Crandon Blvd., T 305
361 5811, www.floridastateparks.org/
park/Cape-Florida, tgl. 7 Uhr bis Sonnenuntergang, pro Fahrzeug 8 $

MIAMI UND DAS MEER IM BLICK

Rusty Pelican 1: 3201 Rickenbacker
Cwy., T 305 361 3818, www.therusty
pelican.com, tgl. 11–24 Uhr

Dune Burgers on the Beach 2: 455
Grand Bay Dr., T 305 365 4500, www.
ritzcarlton.com

Lighthouse Cafe 3: 1200 Crandon
Blvd., T 305 361 8487, www.light
houserestaurants.com, tgl. ab 9 Uhr bis
Sonnenuntergang; **Boater's Grill 4**:
selbe Adresse, T 305 361 0080, www.
lighthouserestaurants.com, Do–Sa
9–22, So–Mi 9–20 Uhr

AUF DIE BRETTER, FERTIG, LOS!

Miami Water Sports 1: 1 Rickenbacker Cwy. und 3300 Rickenbacker
Cwy., T 305 345 4104, www.miamiwa
tersports.com. Windsurfausrüstung ab
50 $/Std., Stand-up-Paddleboards ab
30 $/Std., Kajaks ab 20 $/Std.

Cityplan: Karte 4, E 6–8 | **Bus** 102: Rickenbacker Causeway, Miami Seaquarium,
Crandon Park, Village of Key Biscayne, Cape Florida State Park

gängen oder geben sich dem Wassersport hin:
Segeln, Schnorcheln, Kajakfahren, Surfen, Stand-
up-Paddling. Andere genießen einfach nur still
das Meer.

Traumstrände mit Licht und Schatten

Wenn Sie über die lange Autobrücke vom Festland kommen, müssen Sie aufpassen, damit Sie
die Ausfahrt zur **Virginia Key** nicht verpassen. Das

wäre schade! Die kleine Insel vor der Haustür von Downtown Miami hat nämlich einen 6 km langen Traumstrand und eine Strandpromenade mit Picknickgelegenheiten. Außerdem gibt es Wander- und Radwege durch die Dünen sowie einen nostalgischen Rummelplatz, den **Historic Virginia Key Beach Park** **1**, mit Karussellen und einer historischen Mini-Eisenbahn. Die Fahrgeschäfte sind Überreste aus der Zeit, als der Virginia Key Beach allein für Schwarze geöffnet war. Nachdem Afroamerikaner 1947 protestiert hatten, weil sie die Strände von Miami nicht nutzen durften, designierte der Miami-Dade County Virginia Key als Schwarzenstrand. In den 70ern wurden Abwässer in die Gegend des Strands geleitet und er verkam. Erst 2008 wurde er saniert und der Öffentlichkeit wieder zugänglich gemacht.

Balanceakt auf dem Board

Die größte Attraktion von Virginia Key ist jedoch das **Miami Seaquarium** **2**, wo man mit Delfinen, Pinguinen und Seerobben schwimmen kann und viel über das Ökosystem der Bucht erfährt. Im Seaquarium wurden Mitte der 60er-Jahre 88 Folgen der TV-Serie »Flipper« gedreht. Tierschützer kritisieren allerdings heftig die Bedingungen, unter denen einige der Meeressäuger hier gehalten werden. Insbesondere das Basin des Killerwals Lolita wird als nicht tiergerecht erachtet.

Surfen Sie gern? Dann können Sie sich am Rickenbacker Causeway bei **Miami Water Sports** **1** die passende Ausrüstung leihen und vom **Hobie Beach** **3** aus starten. Der kleine Strand mit Blick auf die Skyline von Downtown ist der beliebteste Spot der Windsurfer von Miami. Das Wasser in der Bay ist allerdings so ruhig, dass Sie auch auf einem Stand-up-Paddleboard problemlos die äußere wie innere Balance finden können.

Auf der anderen Seite des Causeway vom Hobie-Strand aus liegt der **Rusty Pelican** **1**, eine beliebte Destination von Cocktailfans. Leute aus ganz Miami kommen zum Feierabend hierher, um den Sonnenuntergang mit Blick auf die Bucht und auf die Skyline von Downtown zu erleben.

Eine Hochbetagte gibt Schubkraft

Ein kurzes Inselhopping und schon sind Sie auf Key Biscayne. Die 8 km lange und bis zu 3 km breite

R
RAD &
MTB

Radfahrer haben es nicht leicht in der Autostadt Miami. Einzig auf Virginia Key und Key Biscayne finden sie Refugien. In den letzten Jahren haben Freiwillige auf Virginia Key einen großen, abwechslungsreichen Mountainbikepark geschaffen (www.mtbproject.com). Die Route über den Rickenbacker Causeway mit seinem breiten Fahrradweg bis an die Spitze von Key Biscayne gehört zu den Lieblingsrunden der Radfahrer von Miami, vor allem zum Feierabend. Räder können Sie am Virginia Key Outdoor Center mieten: www.vkoc.net.

Zum Glück geschützt: Crandon Park im Norden von Key Biscayne

Über Key Biscayne führte in den 1820er-Jahren ein beliebter Fluchtweg von schwarzen Sklaven und Seminolen-Indianern. Sie schifften sich bei Nacht und Nebel vom Südzipfel ein und paddelten übers karibische Meer zu den Bahamas. Key Biscayne wird heute als Teil der »Underground Railroad« geehrt, des US-weiten Fluchtroutennetzes und Netzwerks der Fluchthelfer für Schwarze während der Sklavenzeit. »Underground Railroad« war ihr Codewort.

Im Zuge der Restaurierung in den 1990er-Jahren wurde u. a. die Metallkonstruktion des Cape-Florida-Leuchtturms erneuert. Am 27. Juli 1996 war es dann endlich so weit: Dem Leuchtturm ging wieder ein Licht auf.

Insel diente lange Zeit als Kokosnuss- und Ananasplantage. Das nördliche Drittel der Insel nimmt der **Crandon Park** ein, ein Naturschutzgebiet mit 3 km langem Strand. Im Nordosten des Parks liegt das **Marjory Stoneman Douglas Biscayne Nature Center 4**, das seinen Besuchern in zum Teil interaktiven Ausstellungen das Ökosystem der Dünen und Korallenriffe von Key Biscayne nahebringt. Wenn Sie noch mehr über die Ökologie der Insel und der Bucht erfahren wollen, können Sie sich einem der angebotenen *Field Trips* anschließen, geführten Ausflügen und Wanderungen am Strand entlang und durch die Dünen. Benannt ist das 1969 aus einem Sommercamp für Studenten hervorgegangene Naturzentrum nach der Umweltaktivistin, Autorin und Feministin Marjory Stoneman Douglas, die sich noch mit Mitte 90 vehement für den Ausbau des Zentrums einsetzte.

Im Ort **Village of Key Biscayne,** von der Größe dem mittleren Drittel der Insel entsprechend, leben rund 12 500 Menschen. Hier findet man u. a. eine Post, eine Bücherei, diverse Shoppingcenter und Restaurants. Wenn Sie mittags eine Stärkung benötigen, können Sie z. B. **Dune Burgers on the Beach 2** ansteuern. Das Lokal gehört zwar zum Ritz Carlton, ist aber alles andere als vornehm und elegant. Vielmehr handelt es sich um ein legeres Burger-Restaurant direkt am Strand mit bequemen Sofas unter schattenspendenden Sonnensegeln.

Frühe Erleuchtung

Im Inselsüden liegt ein weiteres Naturschutzgebiet, der **Bill Baggs Cape Florida State Park 5**, dessen 3 km langer Strand (mit Kajakverleih) als einer der schönsten Nordamerikas gilt. Und noch ein Superlativ verbindet sich mit diesem Teil von Key Biscayne: Hier steht das älteste Gebäude Südfloridas, **The Cape Florida Lighthouse 6**. Der ursprüngliche Turm wurde 1825 errichtet, der jetzige stammt aus dem Jahr 1847. Unweit des Turms waren bereits 1513 spanische Seefahrer an Land gegangen. Ihr Anführer Ponce de Léon verzeichnete das Eiland in seiner Karte und gab ihm den Namen Santa Marta. In der Nähe des Leuchtturms, der in den 1990er-Jahren aufwendig saniert wurde, liegt das **Lighthouse Cafe 3** und weiter nordwestlich der **Boater's Grill 4**, wo man gemütlich mit Blick auf den **No Name Harbour 7** dinieren kann.

Hippieflair und karibische Lebensart – **Coconut Grove**

Jeder Stadtteil von Miami spielt eine andere Karte aus: Coconut Grove ist für seine besonders relaxte Atmosphäre bekannt. Das Stadtviertel – einst eine Ansiedlung karibischer Einwanderer an der Bucht von Biscayne – hat sich seinen dörflichen Charakter bewahrt. In den Parks, Cafés und Restaurants herrscht Hippieflair – leben und leben lassen ist die Devise.

Die Skylines von Downtown Miami und Miami Beach sind nur einen Steinwurf entfernt – und doch: Wenn man an der Kreuzung von Main Highway und Grand Avenue steht, dem Zentrum von Coconut Grove, wähnt man sich an einem völlig anderen Ort. Die kleinen Wohnhäuser aus

»King Mango Strut«, eine total abgedrehte Parade, lässt am letzten Sonntag im Jahr Menschen mit Sinn für schrägen Humor nach Coconut Grove strömen. Der satirische Protestzug nimmt alles und jeden auf die Schippe.

ÜBRIGENS

Die Anfänge von Coconut Grove gehen bis in die 1820er-Jahre zurück, als sich der Wächter des Leuchtturms von Key Biscayne hier niederließ. Ab den 1880er-Jahren entwickelte sich ›The Grove‹ zur ersten schwarzen Gemeinde Südfloridas. Erst 1925 wurde Coconut Grove in die Stadt Miami eingemeindet.

EVENTS

»Come early and bring a picnic«, heißt es, wenn im The Barnacle Historic State Park mal wieder Theater oder Musik geboten wird. Besonders beliebt sind die Konzerte »Barnacle under Moonlight« (Details s. www.thebarnacle.org).

Kalkstein und Pinienholz verleihen der Siedlung die Anmutung eines karibischen Dorfs. Dazu passt die Lebenseinstellung der Bewohner: Man frönt den schönen Dingen des Lebens – »Life is too short to be stressed all day long.« Tun Sie's den Bewohnern des Bohemienviertels gleich: In den Cafés und Restaurants oder den wunderschönen tropischen Parks mit Blick auf die Bucht lässt sich herrlich ein ganzer Tag verbummeln.

Ein Stadtteil aus dem Nichts geschaffen

Gegründet wurde Coconut Grove in den 1880er-Jahren von bahamianischen Einwanderern, die hierherkamen, um als Bedienstete im Bay View House (1883) zu arbeiten, das damals einsam und allein an der Bucht stand. Später Peacock Inn genannt, zog es die ersten ›Snowbirds‹ an, wohlhabende Gäste aus dem Nordosten, die in Miami den Winter verbrachten. Das Hotel selbst existiert heute nicht mehr, das Grundstück, das die Peacocks der Stadt vermachten, ist heute als **Peacock Park 1** der zentrale Veranstaltungsort von Coconut Grove: Beinahe an jedem Wochenende finden hier Konzerte oder Festivals wie das Grovetoberfest, das Woodystock oder das beliebte Coconut Grove Arts Festival statt. Die Tradition geht auf die 60er- und 70er-Jahren zurück, als der Park der Treffpunkt der Hippies von Miami und eine Art Dauer-Woodstock war.

Im Jahre 1891 fertiggestellt, ist **The Barnacle** (›Seepocke‹) das älteste erhaltene Wohnhaus von Miami. Es gehörte Ralph Middleton Munroe, einem Schiffsbauer, der 1882 in der Hoffnung nach Miami gezogen war, das Klima könne der Gesundheit seiner an Tuberkulose erkrankten Frau zuträglich sein. Doch noch im gleichen Jahr musste er sie zu Grabe tragen. Erst ein paar Jahre später erwarb Munroe das Grundstück an der Bay, heute **The Barnacle Historic State Park 2**. Bei einer Führung in The Barnacle können Sie einen Blick in die teils von Munroe selbst gestalteten Räume werfen, in denen er mit seiner zweiten Frau und den beiden gemeinsamen Kindern lebte. Munroe, der als einer der Väter von Coconut Grove gilt, gründete mit seinem Namensvetter Kirk Munroe, einem berühmten Schriftsteller, 1887 den noch heute existierenden Biscayne Bay Yacht Club. Am Wasser finden Sie Munroes Bootshaus, einen Nachbau, denn der ursprüngliche Bau, in dem Munroe sich auch ein Fotolabor eingerichtet hatte, hielt dem Hurrikan 1926 nicht stand.

Bahamianisches Leben

Das Erbe der bahamianischen Einwanderer lässt sich entlang der Charles Avenue entdecken, wo es noch zahlreiche Kirchen der frühen Immigranten gibt, so etwa die **St. James Baptist Church** 3 und die **United Christian Church of Christ** 4, die beide bereits seit den 1890er-Jahren existieren.

Aus jener Zeit stammt auch das **Mariah Brown House** 5 (3298 Charles Ave.), das älteste bahamianische Einwandererhaus in Coconut Grove. Mariah Brown arbeitete als Dienstmädchen im Peacock Inn. Das Haus soll in eine Gedenkstätte mit Museum umgewandelt werden, doch noch fehlt es an den finanziellen Mitteln, so wie insgesamt der historische St.-Charles-Avenue-Distrikt und mit ihm das Erbe dieser Bevölkerungsgruppe vernachlässigt werden.

Obwohl Coconut Grove heute mehrheitlich von Weißen bewohnt wird, feiert der Stadtteil einmal im Jahr, im Juli, seine karibischen Wurzeln mit einem bunten, lauten Straßenfest, dem Goombay Festival (www.goombayfestival coconutgrove.com).

Künstler und Hippies

Ab Mitte des 20. Jh. zog Coconut Grove zunehmend Künstler und Schriftsteller an, z. B. Tennessee Williams, dessen Stück »A Streetcar Named Desire« (dt. »Endstation Sehnsucht«) 1956 im **Coconut Grove Playhouse** 6 (seit 2006 geschl.) auf die Bühne kam. Ab den 1970er-Jahren entwickelte sich der Stadtteil zum Zentrum der Aussteiger- und Hippiekultur. Dieses Flair spürt man u. a. noch deutlich in den Shops: Viele haben sich auf Mode spezialisiert, die vom Hippiestil inspiriert ist, z. B. die Boutique **Azul** im zweistöckigen Einkaufszentrum **CocoWalk** 1. Galerien wie **Midori** 2 verkaufen Skulpturen, Textilien und Kunst aus Indien und Fernost. Auch bei der **Fashion + Art + Music Night** (Okt.–April 1. Sa des Monats, www.coconutgrove.com/fam) erstehen die 1960er-Jahre wieder auf.

Fantasten und Träumer

Coconut Grove war schon immer ein Spielplatz der Fantasten und Träumer. Einer von ihnen war der Großindustrielle Charles Deering. Wie viele andere amerikanische Unternehmer des Gilded Age des amerikanischen Kapitalismus imaginierte er sich als europäischer Aristokrat. Passend dazu

▶ **KARTE**

Die **Historie von Coconut Grove** steckt voller höchst spannender Geschichten. Ein liebevoll gestalteter und detailreich kommentierter Plan macht sie zugänglich. Sie können ihn als PDF herunterladen: www.coconutgrove. com > history > Historic Walking Map.

Villa Vizcaya als Kulisse

ließ er sich ab 1914 sein persönliches Versailles an einem der schönsten Flecken der Atlantikküste errichten: das Märchenschloss **Villa Vizcaya** 7. Trotz des stolzen Eintrittspreises lohnt sich ein Besuch dieses bezaubernden Ortes, der gern als Location für Kinofilme und Hochzeiten gebucht wird.

Zwischen toskanischen und französischen Fresken im prunkvollen, mit Marmor ausgelegten Haupthaus erhascht man immer wieder Ausblicke auf die Bucht. Die Hauptattraktion sind aber zweifellos die Gärten, die zwar von Versailles inspiriert sind, mit ihren Palmen und Orchideen aber einen spürbar tropischen Touch haben.

INFOS/ÖFFNUNGSZEITEN

Im Internet: www.coconutgrove.com
The Barnacle Historic State Park 2: 3485 Main Hwy., www.floridastateparks.org; **The Barnacle**, T 305 442 6866, www.thebarnacle.org, Eintritt 2 $; Mi–Mo 9–17 Uhr, Führung Fr–Mo 10, 11.30, 13, 14.30 Uhr, 3 $
Vizcaya Museum & Gardens 7: T 305 250 9133, www.vizcaya.org, Mi–Mo 9.30–16.30 Uhr, 18 $
Coconut Grove Arts Festival: Feb., www.cgaf.com. 4 Tage Open-Air-Kunst, Musik und Essen im Peacock Park rund um das President's-Day-Wochenende.

GOOD EATING AND MORE

Panther Coffee 1: 3407 Main Hwy., T 305 677 3952, www.panthercoffee.com, tgl. 7–21 Uhr. Lässiges lokales Café, wo die Kreativen von Coconut Grove sich treffen, um zu arbeiten und sich auszutauschen.
Greenstreet Cafe 2: 3468 Main Hwy., T 305 444 0244, www.greenstreetcafe.net, So–Di 7.30–1, Mi–Sa 7.30–3 Uhr. Café-Restaurant mit großer Terrasse. Perfekt, um zu brunchen und Leute zu beobachten (▶ S. 91).
Jaguar 3: 3067 Grand Ave., T 305 444 0216, www.jaguarhg.com, Mo–Do 11.30–23, Fr 11.30–23.30, Sa 11–23.30, So 11–22 Uhr. Latino-Restaurant und Bar mit großer Außenterrasse im Herzen von Coconut Grove.

LIFESTYLE-SHOPPING

CocoWalk 1: 3015 Grand Ave., www.cocowalk.net, tgl. 10–23 Uhr. 30 Boutiquen, u. a. **Azul,** http://azulcoconutgrove.com, und **Catch a Wave Surf Shop,** www.catchawave.biz, tgl. 11–21 Uhr (coole Surfmode; auch Brettverleih und Surfkurse); außerdem Cafés, Restaurants und ein Kino, ▶ S. 103
Midori Gallery 2: 3168 Commodore Plaza, T 305 443 3399, midorigallery.com, Di–Sa 11–18 Uhr und auf Anfrage

Cityplan: Karte 3 | **Metrorail:** Coconut Grove

Iberische Fantasien –
Coral Gables

Durch Coral Gables zu fahren, ist eine surreale Erfahrung. Man fühlt sich wie in einer mediterranen Stadt: spanische Villen, Keramikschilder an den Mauern, Straßennamen wie Perugia und Alhambra Street. Doch irgendetwas stimmt nicht an dem Bild. Alles scheint ein wenig zu groß geraten, als wäre man in einer Disney-Version von Verona oder Granada gelandet.

George E. Merrick hätte die Vorstellung, dass die Besucher und Bewohner von Coral Gables rund 95 Jahre nach der Grundsteinlegung für die Siedlung eine solch verwirrende Erfahrung machen, sicher gefallen. Für ihn war Coral Gables von Anfang an ein Wunderland, eine steingewordene Fantasie. Als der gelernte Rechtsanwalt die 12 km² Sumpfland im Südwesten von Miami

Seit der fulminanten Eröffnung 1924 erlernten Generationen von Kindern im Venetian Pool das Schwimmen. Von Beginn an war das Bad auch ein Ort der Begegnung von Einheimischen und Auswärtigen.

INFOS/ÖFFNUNGSZEITEN
Internet: www.coralgables.com
Biltmore Hotel : 1200 Anastasia Ave., www.biltmorehotel.com
Matheson Hammock Park 2: 9610 Old Cutler Rd., www.miamidade.gov/parks/matheson-hammock.asp
Fairchild Tropical Botanic Garden 3: 10901 Old Cutler Rd., T 305 667 1651, www.fairchildgarden.org, tgl. 9.30–16.30 Uhr, 25 $
Venetian Pool 4: 2701 De Soto Blvd., T 305 460 5306, www.coralgables.

com > Attractions > Where to go, Di–Fr 11–17.30, Sa, So 10–16.30 Uhr, 13 $
Coral Gables Museum 8: 285 Aragon Ave., T 305 603 8067, http://coralgables museum.org, Di–Fr 12–18, Sa 11–17, So 12–17 Uhr, 10 $

APPETIZER UND MEHR

Ortanique 1: 278 Miracle Mile, T 305 446 7710, www.ortaniquerestaurants.com, Lunch Mo–Fr 11.30–14.30, Dinner Mo–Mi 18–22, Do–Sa 18–23, So 17.30–21.30, Bar tgl. ab 17 Uhr geöffnet
Swine Southern Table & Bar 2 serviert deftige Südstaatenküche wie Pulled Pork oder Shrimp & Grits (2415 Ponce De Leon Blvd., T 786 360 6433, www.runpigrun.com, Mo–Mi 18–23, Do–Sa 16–0, So 15–22 Uhr).
Pariser Flair verströmt die **Brasserie Central** 3 (320 San Lorenzo Ave. #1205, T 786 536 9388, www.brasseriecentralmiami.com, tgl. 11–23 Uhr).

SHOPPING

Books & Books 1: 265 Aragon Ave., T 305 442 4408, www.booksandbooks.com, tgl. 9–23 Uhr
Shops at Merrick Park 2: 358 San Lorenzo Ave., T 305 529 1215, www.shopsatmerrickpark.com, ▶ S. 103

Cityplan: Karte 4, B/C 7/8 | **Metrorail:** University

von seinen Eltern erbte, wusste er zunächst nicht recht, was er damit anfangen sollte. Doch nach Reisen in die Städte Chicago und Washington im Norden der USA begann sich in seinem Kopf eine Vision zu formen: Er wollte einen Ort nach dem Vorbild von Städten wie Paris oder Madrid schaffen, mit breiten Boulevards, Parks und monumentalen Bauten. Die Befürworter dieser Art von Städteplanung bildeten damals eine eigene Bewegung: City Beautiful Movement.

Wegen des Klimas und der Vegetation in Florida stand für Merrick fest, dass seine ›City Beautiful‹ einen mediterranen Anklang haben sollte. Innerhalb kürzester Zeit plante und errichtete er die Fantasiestadt Coral Gables.

Palast der Roaring Twenties

Am besten lässt sich die architektonische Kühnheit von Coral Gables am und im **Biltmore Hotel**  erleben. Der 96 m hohe Bau im italienischen Renaissance-Stil ist Inbegriff der Grandhotels der Goldenen Zwanziger Jahre. Nach seiner Eröffnung 1926 lockte das Hotel die High Society aus aller Welt an. Die englische Königsfamilie stieg hier ab und der Hollywoodadel, u. a. Stars wie Ginger Rogers, Bing Crosby und Judy Garland. Die Geldaristokratie aus dem Nordosten überwinterte im Biltmore ebenso wie Gangsterkönig Al Capone, der hier sogar seine eigene Suite besaß.

Das gigantische Biltmore Hotel sieht ein wenig aus wie eine spanische Villa auf Anabolika.

Bis heute verströmt das Biltmore den Charme jener Tage. Innenhöfe und Säulengänge, Brunnen und Mosaike sind von einer altweltlichen Aura umgeben. Die Ausblicke über den weitläufigen Golfplatz und den gigantischen Pool vermitteln das Gefühl von opulentem Luxus. Falls Sie nur kurz mal darin schwelgen wollen, können Sie zwischen verschiedenen Restaurants wählen, in denen unterschiedliche Dresscodes gelten.

Baden wie am Lido

Schöner können Sie sich in Coral Gables nicht erfrischen: Der 1923 in einen alten Korallensteinbruch gebaute **Venetian Pool** soll das Gefühl vermitteln, in den Kanälen von Venedig zu baden.

Auch die Parkanlagen im Süden spiegeln das fantastische schwelgerische Lebensgefühl von Coral Gables wider. Im weitläufigen **Matheson Hammock Park** mit verschlungenen Wasserwegen und künstlichen Buchten kann man paddleboarden, Boot fahren, schwimmen und picknicken. Der nahe **Fairchild Tropical Botanic Garden** zählt zu den schönsten Lehrgärten für tropische Pflanzen auf der Welt und besitzt eine eindrucksvolle Sammlung von Palmen und Orchideen.

Wundermeile

Am Rande der Siedlung Coral Gables verläuft die sogenannte **Miracle Mile,** das kommerzielle Zentrum von Coral Gables: Entlang dem Coral Way zwischen SW 42nd und SW 32nd Avenue reihen sich entsprechend der eher wohlhabenden Klientel

Ü
ÜBRIGENS

George E. Merrick hatte rund um Coral Gables prunkvolle Eingangstore geplant, wie man sie von andalusischen Anwesen kennt, doch sie wurden nie ganz fertig. Einige der Bauten kann man dennoch heute bewundern: den **Alhambra Entrance** 5 (Alhambra Circle/Ecke Douglas Rd.), den **Granada Entrance** 6 (Alhambra Circle/Ecke Granada Blvd.) oder den **Coral Way Entrance** 7 (Ecke Red Rd./Coral Way).

*Der leere Blick ist Cool-
ness – Mode-Drillinge an
der Miracle Mile*

von Coral Gables schicke Markenboutiquen, teu-
re Frisiersalons und edle Restaurants aneinander.
Zum Dinieren ist das Angebot in Coral Gables
ebenso groß wie teuer. Direkt an der Miracle Mile
liegen z. B. das **Ortanique** ❶, ein lauschiges Bistro mit gehobener karibischer und lateinamerikanischer Küche, und das **Swine Southern Table &
Bar** ❷ mit Südstaatenküche.

Neue (Buch-)Seiten aufschlagen

Zu empfehlen ist ein kurzer Besuch im **Coral
Gables Museum** 🟥8, wo Sie noch einmal die Ent-
stehungsgeschichte von Coral Gables anhand
vieler toller historischer Fotos nachvollziehen können. Neben dem Museum lockt der Buchladen
Books & Books 🟥1, zu dem ein lauschiges **Café** in
einem stillen Innenhof gehört. Hier lässt sich stil-
voll ein ganzer Nachmittag verschmökern.

**Ü
ÜBRIGENS**

In Coral Gables wurde vor
allem im mediterranen Stil
gebaut. Doch George E.
Merrick hat in Mi-
ni-›Dörfern‹ auch andere
Baustile nachgeahmt.
So treffen Sie auf ein
Chinese Village 🟥9, ein
**Dutch South African
Village** 🟥10 und ein
**French Normandy
Village** 🟥11.

→ **UM DIE ECKE**

Wem das Shopping an der Miracle Mile nicht
genug war, der hat es nicht weit zum **Shops
at Merrick Park** ❷, einem offenen dreistöcki-
gen Shoppingcenter mit Boutiquen gehobener internationaler Marken wie Nordstrom
oder Gucci. Hier findet sich eine weitere kleine
Auswahl an eleganten Bistros und Restaurants,
wie die französisch inspirierte **Brasserie Central** ❸.

Wasser-Wunderland –
Biscayne National Park

Der Spanier Ponce de Léon, der vor 400 Jahren in der großen Bucht landete, die sich südlich von Miami von Key Biscayne bis nach Key Largo erstreckt, war von ihrer Schönheit überwältigt und benannte sie nach der ›Biskaya‹ in seiner Heimat. Keine Stunde von Miami Beach entfernt können Sie das drittgrößte Korallenriff der Welt erkunden. Tauchen Sie getrost mal unter!

In oft nur 3–5 m Tiefe eröffnet sich eine reiche Unterwasserwelt mit bunten tropischen Fischen, Stachelrochen, Delfinen, Seekühen und bisweilen kleinen Haien. Dank der Initiative von Anwohnern und Journalisten aus Miami konnte dieses Juwel, unter dem größere Erdölvorkommen lie-

 # 12

Mangroven-Poesie im Biscayne National Park. Mangroven kommen im Nationalpark als Solitäre, aber auch als ganze Wälder vor. Sie speichern besonders viel Kohlendioxid, was sie unschätzbar für den Klimaschutz macht.

Die University of Miami zieht im Nationalpark aus Korallenfragmenten gesunde Korallen heran, mit denen geschädigte Riffbereiche ›repariert‹ werden.

gen, in den 1960er-Jahren vor den Begehrlichkeiten der Ölindustrie gerettet werden. 1968 erfolgte zunächst die Ernennung zum nationalen Monument und 1980 die zum Nationalpark.

Die Ranger begleiten zum Riff

In dem 700 km² großen unberührten Naturparadies mit einem Landanteil von nur 5 % können Sie in aller Ruhe den ganzen Tag schnorcheln, tauchen, paddeln und schwimmen. Erste Anlaufstelle für Besucher ist das **Dante Fascell Visitor Center**  wenige Kilometer östlich der Stadt Homestead. In dem großen rustikalen Strandhaus am **Convoy Point** finden Sie freundliche Ranger und viel Infomaterial über das Ökosystem Biscayne Bay. Auch ein Film stimmt auf die Wasserlandschaft ein. Hinter dem Haus ist Platz für ein Picknick mit Meeresblick. Das **Biscayne National Park Institute** am selben Ort bietet zahlreiche Bootstouren durch den Park und weitere Aktivitäten an. So gibt es tägliche Ausflüge zur Boca Chita Key. Man fährt eine Stunde mit einem Ranger hinaus, der über die Flora und Fauna des Riffs informiert. An der Boca Chita Key wird dann geschnorchelt. Mindestens zu zweit sollten Sie für die »Snorkeling & Site Seeing«-Tour unter Segeln von Tropic Scuba sein – mit Lunch-, Paddling- und Schnorchelstopps.

K
KAJAK &
CO.

Wer die Bucht gern auf eigene Faust kennenlernen möchte, kann beim **Dante Fascell Visitor Center** Kajaks und Kanus mieten. Besonders schön ist das Paddeln entlang der Mangrovenwälder nördlich und südlich vom Convoy Point. Das beliebteste Ziel ist aber die **Jones Lagoon** zwischen Totten Key und Old Rhodes Key (Inselgruppe Islandia). Die Ranger im Besucherzentrum geben detaillierte Auskünfte.

Schnorchelnd zum Schiffswrack

Schnorcheltouren sind im Nationalpark tatsächlich besonders zu empfehlen – und das nicht nur wegen des bunten Riffs: Auf dem Grund der Bucht liegen sechs Schiffswracks aus verschiedenen Epochen der Seefahrergeschichte von Florida. Sie sind wie das **Fowey Rocks Lighthouse** **3** (1878), dessen solarbetriebenes Licht 17 Meilen weit leuchtet, Teil des **Maritime Heritage Trail.** Für Schnorchler zugänglich ist nur der Zweimaster **Mandalay** **4**, der 1966 auf Grund lief. Die 35 Personen an Bord, die sich auf der Rückreise von einem Bahamas-Trip befanden, kamen mit dem Schrecken davon. Das Wrack lässt nicht mehr erahnen, dass die Mandalay einst ein nobles Schiff mit Mahagoni-, Elfenbein- und Teakholzausstattung war. Die anderen Wracks, zu denen auch ein Piratenschiff aus dem 19. Jh. gehört, sind Tauchern vorbehalten. Wenn Sie's versuchen wollen: **Tropic Scuba** ist der einzige autorisierte Anbieter von Tauchtouren im Park**.**

Drei Jahre (1875–1878) dauerte der Bau des Leuchtturms. Um keine Zeit durch den Arbeitsweg zu verlieren, campierten die Arbeiter auf einer Plattform auf dem Wasser.

INFOS/ÖFFNUNGSZEITEN

Dante Fascell Visitor Center **1**: 9700 SW 328th St., Convoy Point, T 786 335 3612, www.nps.gov/bisc, tgl. 9–17 Uhr

AKTIV AUF DEM UND IM WASSER

Biscayne National Park Institute: Adresse s. o. Verleih von Kajaks und Kanus 12 bzw. 16 $; Segeltour 10–16 Uhr, 149 $. Details und Reservierung – auch für weitere Aktivitäten: www. biscaynenationalparkinstitute.org. **Tropic Scuba:** T 305 669 1645, www. tropicscuba.com, »Snorkeling & Site Seeing Charter« (max. 6 Pers.) 725 $

GRATIS-ANFAHRT PER TROLLEY

Ende Nov.–April verkehrt am Wochenende der kostenlose **Homestead National Parks Trolley** zwischen Losner Park (Homestead, 104 N. Krome Ave.) und dem Dante Fascell Visitor Center (www.cityofhomestead.com > Visitors).

FÜR ROMANTIKER

Auf **Elliott Key** und **Boca Chita Key** gibt es einfache Campingplätze (25 $/ Zelt). Da die Keys zu einem Naturschutzgebiet gehören, muss man alles, inklusive Frischwasser, selbst mitbringen und natürlich wieder mitnehmen (▶ S. 84).

Cityplan: Karte 6, G/H 3–5 | **Metrorail:** Dadeland South, dann **Bus 38**: Homestead, anschließend **Trolley** (s. oben)

Von A wie Alligator bis Z wie Zypresse – **rund um die Everglades**

Wenn man der Calle Ocho in Miamis Little Havana immer weiter in Richtung Westen folgt, verschwindet die Stadt in weniger als einer halben Stunde im Rückspiegel. Vor einem wird der Himmel immer weiter, Kraniche segeln über das Dach und rechts und links breitet sich bis zum Horizont eine ebenso mysteriöse wie erhabene Sumpflandschaft aus: die Everglades.

Das über Jahrtausende gewachsene Ökosystem der Everglades wurde durch das Eintreffen der Siedler vor über 120 Jahren empfindlich gestört. Seit 1947 steht es unter Naturschutz.

Die Sümpfe und Mangrovenwälder des 6000 km² großen Everglades National Park bedecken die gesamte Südspitze von Florida. Sie sind die Heimat u. a. von Alligatoren, Ibissen und Ottern, von Panthern, Riesenschildkröten und Seekühen – und von alten Indianerlegenden. Die Landschaft ist weniger dramatisch als in den großen Nationalparks im Westen, sie wirkt ruhiger und beschaulicher. Doch die Everglades sind eines der reichsten und faszinierendsten Ökosysteme der Welt. Sie sind ein Resultat des langsamen Süßwasserabflusses von den Seen in Zentralflorida in den Golf von Mexiko. In Tausenden kleiner Rinnsale läuft das Wasser über den nährstoffreichen Kalksandstein Südfloridas. Zusammen mit dem tropisch schwülen Klima bietet die Region ideale Bedingungen für eine einzigartig fruchtbare Tier- und Pflanzenwelt. Mangroven- und Zypressenwälder wechseln sich mit einer Seegrassprairie ab, derentwegen die Ureinwohner die Everglades Pa-Hay-Okee (›grasiges Wasser‹) nannten.

Wenn Sie auf den nächsten zwei Meilen einem Florida-Panther (Puma concolor coryi) begegnen, ist es etwas ganz Besonderes, denn im Everglades- und Big-Cypress-Gebiet leben nur noch wenige Exemplare der goldbraunen Großkatze.

Per Fahrrad versumpfen

Der einfachste Zugang zum Nationalpark ist von Miami aus über die Route 41, auch Tamiami Trail genannt (ca. 1 Std. bis Parkeingang). Die erste Gelegenheit, die Everglades zu erkunden, bietet sich am **Shark Valley Visitor Center** **1**. Von hier aus sind meaner beschilderte Wanderungen ins Herz der Sümpfe möglich. Auf einem 24 km langen asphaltierten Weg können Sie den dichten Dschungel sogar per Fahrrad erkunden. Räder werden von Shark Valley Tram Tours vermietet, die außerdem geführte Touren in einer Art offenem Minizug anbieten.

In der Nähe des Besucherzentrums liegt am Tamiami Trail das **Miccosukee Indian Village** **2**. Hier informieren Indigene vom Stamm der Miccosukee über dessen Geschichte, traditionelle Lebensweisen sowie Gegenwart und Zukunft.

Der **Tamiami Trail,** der nach den Städten Tampa und Miami benannt ist, die er verbindet, verläuft zunächst mehr als 100 km weiter nach Everglades City an der Golfküste. Unterwegs gibt es immer wieder Aussichtspunkte und Gelegenheiten für kleine Wanderungen (ausgeschildert).

Der Schwamm von Florida

Everglades City wurde im Sommer 2017 schwer von Hurrikan Irma mitgenommen. Doch der 400-Seelen-Ort (!) an der Golfküste erwies sich als überaus widerstandskräftig. Schon zum Beginn des Winters, der Hauptsaison, konnten Bootsverleihe und Lokale wieder Besucher empfangen.

Besuchen Sie auch die **Big Cypress Gallery** **3** am Tamiami Trail. Sie zeigt die Werke des Fotografen Clyde Butcher (geb. 1942), der wie kein Zweiter die Everglades in Szene gesetzt hat. Seine großformatigen Schwarz-Weiß-Bilder sind von Ansel Adams beeinflusst. Von der Galerie aus, zu der das komfortable **Swamp Cottage** (2–4 Pers. ab 275 $) gehört, kann man Sumpfwanderungen unternehmen.

Everglades bedeutet übersetzt etwa ›Nicht enden wollende Lichtungen‹. Die hier dominierende Pflanze ist die bis zu 3 m hohe Sauergrasart Cladium jamaicense.

Trotz aller Veränderungen ist noch die Wildheit zu spüren, die die Everglades einst zum Refugium der Ureinwohner machten. Die Seminolen flohen im 19. Jh. in die Sümpfe, um der Umsiedelung in Reservate zu entgehen. In der Wildnis hatten die US-Soldaten keine Chance gegen sie und so bleibt der Stamm der einzige, der nie vor den USA kapituliert hat. Über die Besiedlung der Everglades informiert das kleine **Museum of the Everglades** 4 in Everglades City.

Auch das Ökosystem Everglades wurde hart vom Hurrikan getroffen, der hier mit bis zu 100 Meilen pro Stunde über das Sumpfland pflügte. Die Schäden an der Natur hielten sich jedoch in Grenzen – nur einige Bäume knickten um. Die Langzeitfolgen sind allerdings noch nicht absehbar. Der Hurrikan hat möglicherweise Auswirkungen auf das Gleichgewicht zwischen Salz- und Süßwasser und könnte somit langfristig die Vegetation verändern.

Positiv gesehen haben die Everglades während Irma ganz hervorragend ihre Funktion als Flutpuffer erfüllt. Das weitläufige Flutungsgebiet verhinderte, dass in Miami und der dicht besiedelten Gegend um die Tampa Bay schwerere Schäden entstanden. So hat Irma einmal mehr den unschätzbaren Wert der Everglades verdeutlicht und man hofft nun, dass die Anstrengungen, die Landschaft zu erhalten, endlich intensiviert werden. Schon im Jahr 2000 beschloss der Kongress einen Plan, die Everglades zu restaurieren, doch das Projekt verzögerte sich wegen Budgetstreitigkeiten immer wieder.

Die Everglades schrumpfen bereits seit den 1920er-Jahren, als man begann, das Wasser aus der Mitte des Staates zu landwirtschaftlichen Zwecken umzuleiten. Die Bevölkerungsexplosion in Südflorida hat das Problem dramatisch verschlimmert. Man schätzt, dass die Everglades heute nur noch 50 Prozent ihrer einstigen Fläche haben.

INFOS/ÖFFNUNGSZEITEN

Everglades National Park: T 305 242 7700, www.nps.gov/ever, Pkw 25 $
Shark Valley Visitor Center , 36000 SW 8th St., T 305 221 8776, tgl. 9–17 Uhr; **Shark Valley Tram Tours,** Adresse s. o., www.sharkvalleytramtours.com, Radverleih 7,50 $. **Gulf Coast Visitor Center,** 815 Oyster Bar Lane, T 239 695 2591, 9–16.30 Uhr
Miccosukee Indian Village: Mile Marker 35, U.S. Hwy. 41, T 305 480 1924, www.miccosukee.com, geführte Touren um 10.30, 11.30, 12.30, 13.30, 14.30 und 15.30 Uhr, 15 $
Big Cypress Gallery: 52388 Tamiami Trail E, Ochopee, T 239 695 2428, http://clydebutcher.com/galleries
Museum of the Everglades: 105 Broadway Ave. W, Everglades City, T 239 695 0008, www.evergladesmuseum. org, Mo–Sa 9–16 Uhr, Spende erbeten
Big Cypress Oasis Visitor Center: 52105 Tamiami Trail E, Ochopee, T 239 695 1201, tgl. 9–16.30 Uhr
Big Cypress Swamp Welcome Center: 33000 Tamiami Trail E, T 239 695 4758, tgl. 9–16.30 Uhr

EMPFEHLENSWERTE TOURANBIETER

Everglades Adventure Tours: 40904 Tamiami Trail E, T 800 504 6554, http://evergladesadventuretours. net. Größter und bester Anbieter von Everglades-Touren; u. a. Wanderungen, Kanu- und Luftkissenboot- sowie Camping-Touren; ökologisch ausgerichtet.
North American Canoe Tours: 107 Camelia St. E, T 239 695 3299, http:// iveyhouse.com/everglades-adventures. Touren ab 99 $, Kanu-Miete ab 25 $ (Ermäßigung bei Übernachtung im Ivey House, wo sich der Verleih befindet).

AUF KRABBEN SPEZIALISIERT

Joanie's Blue Crab Cafe: 39395 Tamiami Trail E, Ochopee, T 239 695 2682, http://joaniesbluecrabcafe.com. Charmantes Lokal, in dem Sie neben frischen Krabben u. a. ›Alligator-Salat‹ (16,99 $) probieren können.
Triad Seafood Market & Cafe: 401 School Dr., T 239 695 0722, http:// triadseafoodmarketcafe.com. Beliebtes Lokal für Hummer und Krabben mitten in Everglades City.

Cityplan: Karte 6 | Anreise mit eigenem Fahrzeug; Ausflüge ab Miami (▸ S. 111)

Insel der Glücklichen –
Key West

Nach Key West fährt, wer wirklich weg von allem sein möchte. Die Insel, die näher an Kuba liegt als an Miami, war schon immer ein Sammelbecken für Aussteiger und Exzentriker, für Dichter und Träumer. Hierher kam man, um so zu sein, wie man sein wollte, und das gilt bis heute. Key West steht für Offenheit und Toleranz.

Abends in der Duval Street. Nicht einzelne Sehenswürdigkeiten, sondern die gesamte Lebensatmosphäre machen den Reiz des Ortes Key West aus.

Die Insel am äußersten Ende Nordamerikas ist ein verträumtes Fleckchen Erde, wo alle Regeln aufgehoben sind und man nach Herzenslust die Seele baumeln lassen kann. Schon die Hinfahrt versetzt einen in ein gänzlich anderes Zeitmaß.

Fast 200 km lang schnürt der Highway 1 die Florida Keys, die Koralleninseln, die wie ein langer Schwanz vom Ende der USA baumeln, zusammen. Man schwebt über das türkisblaue Wasser und gerät in einen beinahe hypnotischen Zustand. So ist man meist schon bester Laune, wenn man sich dann in Key West unter Palmen wiederfindet, und ist bereit dazu, das Einzige zu tun, was man hier tun kann: sich durch den Tag treiben lassen.

Ein Ort, der niemals schläft

Die Insel Key West ist klein, gerade einmal 5 km lang, und die rund um den Hafen liegende Altstadt des gleichnamigen Hauptorts nicht einmal halb so groß. Alles lässt sich leicht zu Fuß erkunden oder, besser noch, indem man sich einen Beachcruiser leiht und gemütlich durch die Gassen pedaliert.

Erstes Ziel ist die **Duval Street,** die Hauptstraße, die sich quer über die Insel zieht. Zum Hafen hin ist sie dicht gesäumt von Boutiquen und Shops, Cafés und Kneipen, u. a. der berühmten **Sloppy Joe's Bar** . Hier spürt man bereits, dass die Uhren in Key West anders ticken als anderswo: Die Kneipen haben fast immer geöffnet – Tag und Nacht gehen in der 25 000-Einwohner-Stadt ineinander über. Für eine Stärkung können Sie **Cuban Coffee ❶** ansteuern und im kleinen Innenhof einen original kubanischen Kaffee mit kubanischem Gebäck zu sich nehmen. Eine Alternative ist ein wenig abseits der Hauptstraße im **Bahamian Village** zu finden, dem alten Viertel der bahamianischen Einwanderer nach Key West. Dort können Sie im Innenhof des **Blue Heaven ❷** zu Livemusik brunchen.

Der alte Mann und sein Haus

Was auch immer Sie in Key West unternehmen, früher oder später werden Sie ihm begegnen: Ernest Hemingway. Warum also nicht als Erstes sein Haus aufsuchen? Das heutige **Ernest Hemingway Home & Museum ❶** liegt nur wenige Schritte vom Blue Heaven entfernt. Zweimal lebte Hemingway längere Zeit auf Key West, das ihm vom Schriftstellerkollegen John Dos Passos empfohlen worden war: von 1928 bis 1937 mit seiner zweiten Frau Pauline Pfeiffer und von 1955 bis 1956 mit seiner vierten Frau Mary Welsh. Neben dem Schreiben war u. a. das Hochseefischen Hemingways große Leidenschaft. Erfolgreiche und weniger erfolgreiche Angeltouren begoss er ausgiebig in Sloppy Joe's Bar, wo er sich auch gern dem Würfelspiel hingab. Ein Besuch des 1851 im spanischen Ko-

Ü
ÜBRIGENS

Aus Protest gegen eine neue Kontrollstelle der Grenzbehörden am Hwy. 1 rief Key West am 23. April 1982 die Conch Republic (*conch =* Muschel) aus. Die Kontrollstelle verschwand, der Zweitname blieb (http:// conchrepublic.com).

Mag Hemingways Haus auch noch so sehr von der Aura des großen Schriftstellers umweht sein, die über 60 Katzen, die im Garten herumtollen oder sich drinnen auf seinem Bett räkeln, geben dem Anwesen Alltagsflair. Fast könnte man meinen, Hemingway käme gleich um die Ecke, um sich mit einem Sprung in den Pool zu erfrischen. Die verspielten Vierbeiner sollen allesamt Nachfahren von Hemingways Katze Snowball sein.

ÜBRIGENS

Das Strandleben ist nicht die Hauptattraktion in Key West, man verbringt die Tage eher im Ort und am Hafen. Wer dennoch ans türkisblaue Wasser möchte, fährt per Beachcruiser (Eaton Bikes, 830 Eaton St., www.eatonbikes. com) zum **Fort Zachary Historic State Park** **2**. Um den Befestigungswall (1866) liegen lauschige Palmenoasen am Meer.

lonialstil errichteten Hauses in der Whitehead Street, das Pauline Pfeiffers Onkel erworben und dem jungen Paar geschenkt hatte, vermittelt vielfältige Einblicke in Hemingways Leben und Werk. Zu sehen sind Originalmobiliar und persönliche Gegenstände, u. a. Hemingways Schreibmaschine.

Des einen Pech ist des anderen Glück

Noch weiter in der Inselhistorie zurückgehen können Sie im **Key West Shipwreck Museum** **3**. Über Jahrhunderte lebten die Bewohner von Key West davon, die Ladung havarierter Schiffe zu bergen. Diese waren auf das Riff aufgelaufen, das sich 240 km entlang der Keys von Miami nach Südwesten erstreckt. Das kleine Museum erzählt von Piraten und Seefahrern und dem *wrecking*. Das lukrative Geschäft kam zum Erliegen, als neue Leuchttürme die Orientierung erleichterten.

INFOS/ÖFFNUNGSZEITEN

Ernest Hemingway Home & Museum **1**: 907 Whitehead St., T 305 294 1136, www.hemingwayhome.com, tgl. 9–17 Uhr, 14 $ (inkl. 30-Min.-Führung)
Key West Shipwreck Museum **3**: 1 Whitehead St., T 305 292 8990, www.keywestshipwreck.com, tgl. 9.40–17 Uhr, 13,54 $ (online)
Florida Keys Eco-Discovery Center **4**: 35 E Quay Rd., T 305 809 4750, https//floridakeys.noaa.gov/ eco_discovery.html, Di–Sa 9–16 Uhr, Eintritt frei

KULINARISCHES FÜR ZWISCHENDRIN

Cuban Coffee Queen **1**: 284 Margaret St., T 305 292 4747, www. cubancoffeequeen.com, tgl. 7–19 Uhr
Blue Heaven **2**: 729 Thomas St., T 305 296 8666, www.blueheavenkw. com, 8 bis ca. 22.30 Uhr

NUR KEINE NACHTRUHE

Die Duval Street verwandelt sich abends in eine Partymeile. Die legendärste Kneipe ist neben **Sloppy Joe's Bar** **1** **The Bull and Whistle** **2** (Ecke Caroline St.). Beliebt sind auch **Green Parrot Bar** **3** (601 Whitehead St.), **Alonzo's Oyster Bar** **4** (700 Front St.) und **The Porch** **5** (429 Caroline St.). Schön zum Sonnenuntergang ist die Bar **Sunset Pier** **6**. Trinken Sie ein paar Cocktails und genießen Sie die tropische Nacht.

ÜBERNACHTEN

Die **Key West Historic Inns** sind wunderschön restaurierte Gasthäuser aus dem 19. Jh.: T 1 800 549 4430, www. keywesthistoricinns.com, ab 130 $

Cityplan: Karte 6, A 8 | **Bus:** www.gobuses.com, www.greyhound.com

Der Sunset Pier trägt seinen Namen völlig zu recht. Wenn die Sonne ihre schönsten Farbnuancen aufbietet, ist in der Sun Pier Bar die Zeit der Cocktails gekommen.

Auf andere Weise als das Shipwreck Museum beleuchtet das **Florida Keys Eco-Discovery Center** 4 die Meereswelten um Key West. Hier können Sie die Unterwasserflora und -fauna und das Ökosystem der Korallenriffe kennenlernen, ohne selbst nass zu werden. Ein wichtiges Thema ist die Bedrohung dieses kostbaren Systems durch Verschmutzung, Klimawandel und Unwetter.

Alles dreht sich um die Sonne

Ganz unmittelbar erleben Sie das Meer um Key West auf einer Schnorcheltour. Zahlreiche Anbieter am Hafen veranstalten Segeltörns zum Korallenriff, das etwa 5 km vor der Insel liegt. Sie bekommen Gelegenheit, die bunte, reichhaltige Unterwasserwelt mit Stachelrochen, Delfinen und zuweilen auch Haien zu erkunden. Am beliebtesten sind Touren zum Sonnenuntergang, bei denen man sich mitten in der Karibik befindet, wenn die Sonne feuerrot ins Meer plumpst.

Bucht man diese späte Tour, verpasst man allerdings den schönsten Augenblick des Tages auf der Insel: wenn am Mallory Square im Hafen Musiker und Schausteller zusammenkommen, um den *sunset* zu zelebrieren. Es ist ein magischer, beinahe spiritueller Augenblick, in dem der freie Geist der Conch-Republik zum Leben erwacht.

Key West war schon immer ein Refugium für Homo- und Transsexuelle, die sich hier frei ausdrücken konnten, lange bevor das anderswo in den USA möglich war. Beliebte Gaybars liegen in der Duval Street: **Bourbon Street Pub** ☼ (Nr. 724); **801 Bourbon Bar** 8 (Nr. 801; tgl. ausgelassene Trans-Karaoke-Partys). Zu einer Open-Air-Tanzparty für Männer und Frauen geht's ins **Aqua** ☼ (Nr. 711).

Reich, reicher, am reichsten – **die Insel Palm Beach**

Man könnte vor Neid erblassen, muss man aber nicht. Protzige Luxusvillen und edle Shoppinggelegenheiten – Palm Beach ist ein Tummelplatz der Superreichen und der Winterspielplatz des US-Präsidenten Donald Trump. Doch die langgezogene Insel eine Stunde nördlich von Miami ist zugleich ein beschauliches Örtchen mit mediterranem Flair und einem Traumstrand.

Findet im Mediterranean Ballroom des Hotels The Breakers gerade keine Hochzeitsfeier oder Cocktailparty statt, kann man es wagen: eine schnelle Pirouette für einen kleinen Ballrausch …

Als der Florida-Pioneer Henry M. Flagler 1896 seine Bahnlinie nach Miami durch Palm Beach legte, hatte er die Vision, die Insel zum Refugium der Wohlhabenden zu machen. In Palm Beach sollten die Tycoons der Goldenen Ära des amerikanischen Kapitalismus ihre Luxuspaläste für die

Winterzeit bauen. Das Angebot wurde dankend angenommen und rasch entwickelte sich Palm Beach zum Tummelplatz der Ostküsten-Society für die Monate, in denen es in New York zu kalt war, um vor die Tür zu gehen. Diese Tradition hält bis heute an.

Das bekannteste Anwesen ist sicher **Mar-a-Lago,** das Donald Trump zum ›Winter White House‹ erklärt hat. Auf Mar-a-Lago empfängt der US-Präsident Staatsgäste oder gibt rauschende Partys für Betuchte aus Showbiz und Wirtschaft. In den übrigen Traumvillen am Southern Ocean Boulevard lebt allerlei Prominenz u. a. aus der Welt des Sports, der Hochfinanz und des Films. Schon vor Jahren überstieg das hier versammelte Vermögen die 100-Milliarden-Dollar-Grenze.

Ü ÜBRIGENS

Beim Palm Beach Bicycle Trail Shop können Sie für 29 $ am Tag einen Cruiser mieten und damit auf dem 10 km langen **Lake Trail** entlang der Küste die Insel erkunden (Sunset St., T 561 650 4583, www.palmbeachbicycle. com).

Hinfallen, aufstehen, weitergehen

War er zufrieden mit sich, als er im Jahre 1913 den letzten Atemzug tat? Wir wissen es nicht. Auf jeden Fall konnte sich Henry M. Flagler, 1830 in Hopewell (New York) als Sohn eines Pfarrers geboren, nicht vorwerfen, aus seinen Talenten nichts gemacht zu haben. **The Breakers** **1**, ohne dessen Besuch Sie die Insel nicht verlassen sollten, ist eines der vielen Zeugnisse von Flaglers visionärer Energie. In der Tapestry Bar des 1896 errichteten Luxushotels im Mediterranean Style könnten Sie einen Cocktail zu sich nehmen – oder im Hotelrestaurant dinieren, was Sie sich allerdings etwas kosten lassen müssten.

Schon mit 14 verließ Flagler das Elternhaus und arbeitete zunächst als Buchhalter im Getreidehandel, später investierte er in die Salzproduktion – ein Desaster, das ihn in hohe Schulden stürzte. Doch er berappelte sich wieder, auch finanziell, und gründete mit John D. Rockefeller die Ölfördergesellschaft Standard Oil. Eine goldrichtige Entscheidung – schon bald war Flagler ein gemachter Mann. Sein privates Glück wurde vom Tod seiner ersten und der psychischen Erkrankung seiner zweiten Ehefrau getrübt. Noch ein weiteres Mal schloss er den Bund fürs Leben und ließ als Hochzeitsgeschenk für seine dritte Ehefrau in Palm Beach das prächtige Herrenhaus **Whitehall** (1902) bauen, das heutige **Flagler Museum** **2**. Es ist ein Sinnbild für die Epoche des Gilded Age, der wirtschaftlichen

Nahezu 67 % der Bevölkerung von Palm Beach sind über 60 Jahre alt. In West Palm Beach gibt es sogar eigens eine der für Florida typischen ›Rentnerkolonien‹, das Century Village. Hier konnten diese Ladies schon 1975 ganz relaxt einen wassergymnastisch motivierten Blick ins sonnengetränkte Firmament werfen.

Wie auch immer – ein Kleid kleidet (Worth Avenue).

Blütezeit jener Ära am Ende des 19. Jh., in der in den USA die großen Industrievermögen gemacht wurden.

Kein schlechtes Geschenk hatte Mary Lily Flagler da von ihrem Gatten bekommen: eine Residenz mit mehr als 70 Räumen in unterschiedlichen Stilen, z. B. Louis XIV. oder Neo-Renaissance. 4 Mio. $ kostete Flagler das »schönste Wohnhaus der Welt« – so seinerzeit der »New York Herald«. Vom Audioguide akustisch an die Hand genommen, können Sie in Ihrem eigenen Tempo durch die Zimmerfluchten wandeln, deren Rettung für die Nachwelt Flaglers Enkelin zu verdanken ist.

Einkaufsstraße von Weltrang

Die **Worth Avenue** **3** mit ihrer pseudo-italienischen Renaissance-Architektur und ihren Springbrunnen stellt so etwas wie das Zentrum von

Ü
ÜBRIGENS

Die **Wakodahatchee Wetlands** sind ein Naturschutzgebiet in den Sümpfen zwischen Miami und Palm Beach. Besonders am Abend lohnt sich ein Abstecher hierher, um die Stille und den Gesang exotischer Vogelarten bei einem Spaziergang zu genießen.

→ UM DIE ECKE

Wechseln Sie auch mal aufs Festland und bummeln Sie über den **West Palm Beach Greenmarket** 🔒, einen beliebten Wochenmarkt am Wasser (www.wpb.org). Hier können Sie bei **Sample Rabbit** diverse Kaffeesorten und Snacks probieren. Der **International Polo Club** **1** in Wellington ist am Sonntagnachmittag *der* Treffpunkt der Highsociety von Palm Beach (Stehplätze ab 30 $ – Champagner und Eiskrem inklusive!).

Palm Beach da. Rund 250 Luxusgeschäfte von Armani über Chanel bis Valentino reihen sich entlang der Straße aneinander (http://worth-avenue. com). Wer es sich leisten kann, bringt seine Kreditkarte zum Glühen. Das besondere Flair von Palm Beach lässt sich in der Pizzeria **Al Fresco** ❶ bei einer Gourmetpizza genießen, in der Ausführung »Palm Beach« schlägt sie mit schlappen 25 $ zu Buche.

INFOS/ÖFFNUNGSZEITEN
The Breakers 🟥1: 1 S County Rd., T 561 655 6611, www.thebreakers.com
Flagler Museum 🟥2: Whitehall Way, T 561 655 2833, www.flaglermuseum. us, Di–Sa 10–17, So 12–17 Uhr, 18 $ inkl. Audioguide (dt.)
International Polo Club ❶: 3667 120th Ave. S., Wellington, T 561 204 5687, http://ipc.coth.com, ab 30 $

KULINARISCHES FÜR ZWISCHENDRIN
Pizza Al Fresco ❶: 14 Via Mizner, Worth Ave., T 561 832 0032, http:// pizzaalfresco.com, tgl. 11–22 Uhr
Surfside Diner ❷: 314 S County Rd., T 561 659 7495, tgl. 8–15 Uhr. Entspanntes Frühstücks- und Lunchlokal direkt am Strand.
Amici Market ❸: 155 North County Rd., T 561 832 0201, www.myamici market.com, Mo–Sa 8–20 Uhr. Im italienischen Markt gegenüber vom Strand gibt's leckere Snacks auf die Hand. Dinieren Sie mit Stil im **Cafe Boulud** ❹, dem Restaurant des Brazilian Court Hotel, eines der klassischen Luxushotels von Palm Beach, und lauschen Sie einer Jazzsängerin mit Pianobegleitung (301 Australian Ave., www.cafeboulud.com, tgl. 17.30–23 Uhr).

MODE FÜR BRETTKÜNSTLER/INNEN
Hochklassige Surfmode verkauft der **P. B. Boys Club** 🟢2 (307 South County Rd., T 561 832 9335, tgl. 10–17 Uhr;

auch Verleih von Surf- und Paddleboards).

NIGHTLIFE IN WEST PALM BEACH
The Alchemist Gastropub & Bar 🔵1: 223 Clematis St., T 561 355 0691, www. thealchemistgastropub.com, Mo–Do 11.30–24, Fr, Sa 11.30–2, So 11–24 Uhr. Die gemütliche Kneipe in West Palm Beach liegt direkt am Wasser an einem kleinen Karree, das abends mit einer Reihe von Lokalen einen beliebten Ausgehbezirk bildet. Hier geht es ein wenig legerer zu als in Palm Beach selbst.

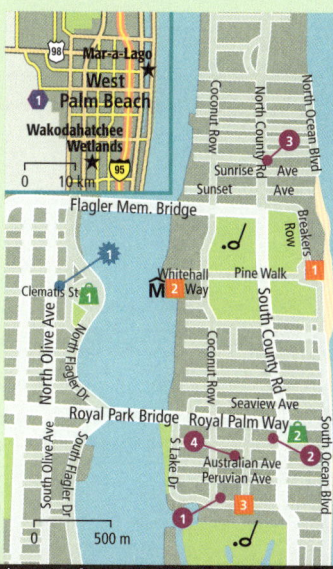

EINTRITTSKARTEN *in eine andere Welt …*
Neben dem Pérez Art Museum (▶ S. 45) gibt es in Miami reichlich andere Museen, hier einige meiner persönlichen Favoriten:

UND JETZT ENTSCHEIDEN SIE!

Jewish Museum of Florida – FIU
Di–So 10–17 Uhr, 6 $

○ JA ○ NEIN

Das Museum in einem Art-déco-Bau in Miami Beach gedenkt des reichen Beitrags der Juden zur Geschichte und Kultur von Florida. Juden spielen seit ihrer Ankunft im 18. Jh. eine bedeutende Rolle im Leben des Staates.
🗺 Karte 2, C 5, http://jmof.fiu.edu/

The Bass Museum of Art
Mi–Mo 10–17 Uhr, 10 $

○ JA ○ NEIN

Das Museum für zeitgenössische Kunst in Miami Beach steht im Zentrum der Art Basel und ist sehr international ausgerichtet. Es widmet sich auch der Architektur der Gegenwart und zeitgenössischem Design.
🗺 Karte 2, C 1, http://thebass.org

Museum of Contemporary Art North Miami (MoCa)
Di–Fr 11–17, Sa 13–21, So 11–17 Uhr, 5 $

○ JA ○ NEIN

Die ehemalige Galerie in Downtown wurde 1995 mit der Etablierung einer dauerhaften Sammlung zum Museum ausgeweitet. Das MoCa ist vor allem für seine Förderung zeitgenössischer Videokünstler bekannt.
🗺 Karte 4, D 2, www.mocanomi.org

Patricia & Phillip Frost Art Museum
Di–Sa 10–17, So 12–17 Uhr, Eintritt frei

○ JA ○ NEIN

Ein besonderes Anliegen des 1977 gegründeten Museums ist der interdisziplinäre und interkulturelle Zugang zur Kunst. Sehr breit gefächerte Sammlung: u. a. afrikanische und karibische Kunst, Fotografie, Grafik.
🗺 Karte 6, G 3, http://thefrost.fiu.edu

Institute of Contemporary Art (ICA Miami)
Di–So 11–19 Uhr, Eintritt frei

Seit 2017 präsentiert das Museum, das sich vom MoCa (▶ S. 94) abgespalten hat, seine Sammlung und Ausstellungen in einem neuen Bau. Schwerpunkte sind die experimentelle Kunst und der internationale Dialog.

○ JA ○ NEIN ⏚ Karte 4, D 4, www.icamiami.org

Bay of Pigs Museum
Mo–Fr 9–16 Uhr, Eintritt frei

Das Museum in Little Havana gedenkt der 1300 kubanischen Freiheitskämpfer aus Miami, die 1961 im Auftrag des CIA Kuba von Castro zurückzuerobern versuchten. Viele Veteranen von damals leben in Little Havana.

○ JA ○ NEIN ⏚ Karte 4, C 5, www.bayofpigs2506.com

World Erotic Art Museum (WEAM)
Mo–Do 11–22, Fr–So 11–24 Uhr, 20 $

2005 gegründetes Privatmuseum im Herzen von Miami Beach, das sich erotischen Darstellungen widmet – von 300 v. Chr. bis in die Gegenwart; rund 4000 Werke, u. a. von Rembrandt und Andy Warhol.

○ JA ○ NEIN ⏚ Karte 2, C 3, http://weam.com

Haitian Heritage Museum (HHM)
Di–Fr 10–17 Uhr, 10 $

Kleines Museum im Design District, das die haitianische Kultur und Tradition und ihre Bedeutung für Miami würdigt. Es versteht sich auch als Kulturzentrum.
⏚ Karte 4, D 4, www.haitianheritagemuseum.org

○ JA ○ NEIN

Lowe Art Museum
Di–Sa 10–16, So 12–16 Uhr, Eintritt 12,50 $

Das Kunstmuseum der University of Miami in Coral Gables beherbergt eine beachtliche Sammlung: Werke von der italienischen Renaissance bis hin zu Andy Warhol und Jackson Pollack. Es ist Miamis ältestes Museum.
⏚ Karte 4, B 7, www.lowe.miami.edu

○ JA ○ NEIN

Miamis Museumslandschaft

Die Museumslandschaft von Miami ist im Zuge des Kulturbooms der Stadt in den letzten 15 Jahren regelrecht explodiert. Noch in den 80ern war Miami kulturelle Provinz, heute hat die Metropole Einrichtungen aufzuweisen, die sie auf die kulturelle Weltkarte gesetzt haben. Der Schwerpunkt liegt im Kunstbereich. Hier bietet die Stadt gleich eine ganz Phalanx von erstrangigen Museen, vom **Pérez Art Museum Miami** (▶ S. 44) über das **Patricia & Phillip Frost Art Museum** (▶ S. 78) bis hin zum **Institute of Contemporary Art** (▶ S. 79) und dem **Bass Museum** (▶ S. 78). Ergänzt werden sie durch beeindruckende Privatsammlungen wie **The Wolfsonian-FIU** (▶ S. 23) oder die **Rubell Family Collection** (▶ S. 40) und **The Margulies Collection at the Warehouse** (▶ S. 41) in Wynwood. Mit Recht bezeichnet sich der gesamte **Wynwood District** (▶ S. 39) als größtes **Freiluftmuseum für Streetart** der Welt.

Doch der Reichtum hört nicht bei der Kunst auf. Das **Phillip and Patricia Frost Museum of Science** (▶ S. 46) zählt zu den weltweit modernsten Wissenschaftsmuseen. Hinzu kommen spannende historische Museen, wie das **HistoryMiami** (▶ S. 46) oder kleinere lokale Museen wie das **Coral Gables Museum** (▶ S. 62).

MUSEEN MIT FREIEM EINTRITT

Viele Museen gewähren an bestimmten Tagen kostenlosen Einlass, z. B. das Pérez Art Museum und das HistoryMiami an jedem 2. Sa des Monats, das Wolfsonian Fr 18–21 Uhr. Der Eintritt ins Institute of Contemporary Art ist grundsätzlich gratis. Weitere Infos: http://miamionthecheap.com/free-museum-days.

Guckloch in eine sonst nur Tauchern zugängliche Welt im Frost Museum of Science

Kunst der Erinnerung – Skulpturen

Mit welchen Denkmälern und Kunstwerken eine Stadt ihre öffentlichen Räume bestückt, sagt viel über ihr Selbstverständnis aus. Die hochmoderne, konsumorientierte Metropole Miami erinnert mit ihren Monumenten an dunkle Kapitel der Geschichte, ebenso wie an starke Frauen, die prägend für die Stadthistorie waren.

Retterin der Art-déco-Bauten
Barbara Baer Capitman Memorial 🗺 Karte 2, C 3
Im Lummus Park wird seit 2016 mit einer Büste Barbara Baer Capitmans (1920–90) gedacht, der Gründerin der Miami Design Preservation League. Ihr ist wie niemandem sonst die Sanierung und Wiedergeburt von South Beach Ende der 1970er-Jahre zu verdanken. Das Denkmal basiert auf einer Skulptur, die Capitmans Mutter, die Künstlerin Myrtle Bachrach Baer, von ihrer Tochter anfertigte, als diese 19 Jahre alt war.
South Beach, Lummus Park, Ocean Drive/Ecke 13th St., www.mdpl.org

Erinnerung an eine Tragödie
Challenger Memorial 🗺 F 6
Am 28. Januar 1986 explodierte in Cape Canaveral, rund 200 Meilen nördlich von Miami, 73 Sekunden nach dem Start die Raumfähre Challenger. Alle sieben Astronauten kamen ums Leben. Seit 1988 erinnert im Bayfront Park ein Denkmal des japanisch-amerikanischen Künstlers Isamu Noguchi an diese Katastrophe. Die spiralförmige Doppelhelix symbolisiert die Kondensstreifen der Raumfähre.
Downtown Miami, Bayfront Park (Südwestecke)

Designer-Architekt im XXL-Format
Le-Corbusier-Skulptur 🗺 Karte 4, D 4
Der Palm Court ist das Herz des Design District. Im Zentrum des Platzes erinnert eine überlebensgroße Büste an den großen Meisterdesigner und Architekten der Moderne Le Corbusier. Sie wurde von dem französischen Bildhauer Xavier Veilhan geschaffen und 2014 gegenüber dem Fly's Eye Dome von Buckminster Fuller (▶ S. 37) aufgestellt.
Downtown Miami, Design District, Palm Court

Innehalten unweit der Partystrände
Holocaust Memorial Miami Beach 🗺 Karte 2, B 1
Als Mitte der 1980er-Jahre die Greater Miami Jewish Federation ein Holocaust-Denkmal in Miami Beach vorschlug, war der Aufschrei groß. Miami Beach sollte ein Ort der Leichtigkeit bleiben. Das beeindruckende Mahnmal »The Sculpture of Love and Anguish« (1990) von Kenneth Treister wurde trotzdem errichtet. Es steht für die Opfer des Holocaust und für die Holocaust-Überlebenden, die sich in Miami Beach und im übrigen Südflorida in besonders großer Zahl ansiedelten.
Miami Beach, 1933–1945 Meridian Ave./Dade Blvd., T 305 538 1663, www.holocaustmmb.org, tgl. 9 bis Sonnenuntergang

Werbung mit Orangenblüte
Julia-Tuttle-Statue 🗺 F 6
Ende des 19. Jh. überzeugte Julia D. Tuttle Henry M. Flagler von der Idee, die Eisenbahnstrecke bis Miami fortzuführen: Nachdem ein Frosteinbruch die Orangenernte in Nordflorida zerstört hatte, schickte sie ihm eine Orangenblüte zum Beweis, dass es in Südflorida deutlich wärmer war. Die Statue im Bayfront Park zeigt Julia Tuttle deshalb mit einer solchen Blüte in der Hand.
Downtown Miami, Bayfront Park Path

Miami für alle Wasser-Fälle

Von den Stränden in Miami Beach auf das türkisblaue Wasser der Bucht von Biscayne zu schauen oder von Coconut Grove aus abends die glühende Sonne im Atlantik versinken zu sehen, ist herrlich. Doch noch viel intensiver erleben Sie die Wasserstadt Miami, wenn Sie sich selbst aufs Meer hinauswagen.

Auf die bequeme Tour
Bootsrundfahrten

Miami und Miami Beach stehen als Wohnorte bei Floridas Superreichen hoch im Kurs. Auf der Rundfahrt »Millionaire's Row Cruise« des Veranstalters **Island Queen Cruises** kann man die Villen der Reichen und Schönen vom Wasser aus bestaunen. Weitere Angebote sind die »Skyline Cruise« rund um die Downtown von Miami und die romantische »Sunset Cruise«.

Island Queen Cruises, 401 Biscayne Blvd., T 305 379 5119, www.islandqueencruises. com, 27 $

Boote in allen Größen
Segeln

Die beliebteste Art, sich in Miami auf das Wasser zu begeben, ist zweifelsohne das Segeln. Davon zeugen schon die zahlreichen Segelhäfen im Stadtgebiet, in denen noble Luxusjachten ebenso wie kleine Sportboote vor Anker liegen. Die Marinas sind für sich genommen schon Attraktionen. Selbst wer lieber festen Boden unter den Füßen behalten möchte, sucht sie auf, um in der maritimen Atmosphäre Cocktails zu trinken oder den Sonnenuntergang zu beobachten. Besonders populär sind etwa die **Dinner Key Marina** (🗺 Karte 3, B 3) in Coconut Grove, die **Miami Beach Marina** (🗺 Karte 2, A/B 5/6) am südlichen Zipfel von South Beach oder die **Crandon Park Marina** (🗺 Karte 4, E 7) in Key Biscayne.

Bei **Miami Water Sports** können Sie einen Schnellkurs buchen und anschließend mit einem kleinen Hobie Cat durch die Biscayne Bay schippern. Wer es gediegener mag, kann in Downtown bei **Tropical Boat Charters** ein Boot chartern und einen Törn rund um die Bucht buchen. Die meisten dieser Verleihe bieten auch Charter für Segeltörns übers Wochenende oder bis zu einer Woche in die Karibik an – keine ganz billigen Vergnügen allerdings.

Miami Water Sports, 3400 Pan American Dr., Coconut Grove, T 305 345 4104, www. miamiwatersports.com, Bootsmiete 1 Std. 80 $, 4 Std. 240 $; auch Jetskis, Kajaks und Stand-up-Paddleboards sowie Parasailing

Tropical Boat Charters, 401 Biscayne Blvd., T 305 744 1355, Törns rund um Miami Beach und die Bucht ab 50 $

Miami Sailing, T 786 423 3131, Skype: MIAMI. SAILING, www.miamisailing.net

Let's Go Sailing Today, Luxury Sailing Charter, Dinner Key Marina, Pier 3, 3400 Pan American Dr., Coconut Grove, T 305 677 9616, www. letsgosailing.com

Der Hafen von Miami ist der beliebteste Ausgangspunkt für Kreuzfahrten durch die Karibik. Es empfiehlt sich allerdings, schon von zu Hause aus zu buchen. Das ist in der Regel deutlich günstiger als vor Ort bei amerikanischen Anbietern. Eine siebentägige Kreuzfahrt mit Royal Caribbean beispielsweise kostet ab Miami ca. 600 €.

Royal Caribbean International, Hillmannstr. 2a, D-28195 Bremen, T +49 0800 724 0342, www.royalcaribbean.de

Spektakuläre Unterwasserwelt
Schnorcheln und Tauchen

Noch faszinierender als die Welt auf dem Wasser rund um Miami ist die bunte und vielfältige Welt unter der Wasseroberfläche. Miami Beach und Key Biscayne sind eigentlich Koralleninseln. Ihre Fauna und Flora sind so artenreich wie kaum irgendwo sonst in Nordamerika. Kein Wunder also, dass Miami zu den Top-Revieren für Taucher und Schnorchler aus der ganzen Welt zählt. Besonders abenteuerlich ist das Tauchen und Schnorcheln rund um künstliche Riffe und Schiffswracks wie das Jose Cuervo Reef oder die »Sheri Lyn«. Größter Veranstalter und Ausrüster ist das South Beach Dive Center am Südzipfel von Miami Beach. Die **South Beach Divers** veranstalten tägliche Exkursionen zum Schnorcheln und Tieftauchen rund um Wracks und natürliche Korallenriffe. Weitere Veranstalter und Ausrüster sind Grove Scuba und Diver's Paradise auf Key Biscayne. Eine der großen Attraktionen für Taucher ist im Biscayne National Park der Maritime Heritage Trail (▶ S. 65).

In Miami Beach veranstaltet das **Tarpoon Laggoon Diving Center** Schnorchel- und Tauchexpeditionen, die einen halben oder einen ganzen Tag dauern. Mit dem Boot geht es zum Emerald Reef, dem Rainbow Reef und zum versunkenen Schiff »Half Moon«.

South Beach Divers, www.southbeachdivers. com, s. rechts, diverse Tauch- und Schnorchelabenteuer ab ca. 50 $; Verleih von Ausrüstung; man kann sich vor Ort Tipps von den Experten holen (Mo–Sa 9–19 Uhr)

Tarpoon Laggoon Diving Center, 300 Alton Rd., T 305 532 1445, www.tarpoondivecenter.com, Tauchexkursion ab 225 $

Weitere Anbieter: Divers Paradise of Key Biscayne, www.kbdivers.com; Grove Scuba, www. grovescuba.com

Ganz in Ruhe unterwegs sein
Stand-up-Paddling
▶ S. 85

Adventure Sports, 9610 Old Cutler Rd., Coral Gables, T 305 733 1519, http://adventure sportsusa.com, Mo–Do 10–18, Fr–So 10–19 Uhr, ab 30 $

Auch mit der Angelrute lässt sich das Meer erforschen – Fischessen bei Sonnenuntergang nicht ausgeschlossen.

Ideales Revier für Anfänger
Surfen

Ein Mekka für Surfer ist Miami nicht. Für Profis sind die Bedingungen zu einfach und langweilig, besonders in den Sommermonaten ist das Meer zu flach und die Wellen sind zu niedrig. Für Anfänger ist das Revier unterdessen genau deshalb ideal. Interessant werden die Wellen in den Sturmmonaten Oktober und November. Surfkurse bieten z. B. **South Beach Divers,** die auch Ausrüstung zum Surfen vermieten.

South Beach Divers, 850 Washington Ave., T 305 5316110, www.southbeachdivers.com, Surfkurse ab 85 $ p. P., Bretter ab 40 $

Treffpunkt Hobie Beach
Windsurfen

Windsurfer lieben die Gewässer von Miami. Besonders am Hobie Beach am Anfang von Key Biscayne trifft sich die Szene, hier stehen die Winde oft sehr günstig. Ausrüstung und Kurse gibt es bei **Miami Water Sports.**

Miami Water Sports, 1 Rickenbacker Cwy., T 305 345 4104, www.miamiwatersports.com, Windsurfkurs 95 $, Ausrüstung ab 50 $/Std.

Pause. Einfach mal abschalten

Vom Strand zum Dinner, vom Dinner in den Club und zwischendurch zum Shopping in die Mega-Malls – Miami kann einen ganz schön schaffen. Doch in der hektischen Metropole gibt es auch Oasen der Ruhe. Hier können Sie abschalten, runterkommen, zu sich selbst finden.

Einsame Insel

Boca Chita Key 📖 Karte 6, H 4
Haben Sie schon einmal davon geträumt, wie Robinson Crusoe allein auf einer einsamen Insel in völliger Abgeschiedenheit von der Welt zu leben? Im Biscayne National Park südlich von Miami können Sie sich diesen Traum erfüllen. Sie packen ein Zelt und Proviant in Ihr Kajak, paddeln über die Bucht und legen an der winzigen Boca Chita Key an. Dort schlagen Sie auf dem zugegebenermaßen etwas primitiven Campingplatz Ihr Zelt auf oder legen sich einfach so an den Strand, machen

ein Lagerfeuer und genießen die tropische Nacht.

Kajakmiete und Informationen: Büro des Biscayne National Park, ca. 16 km östlich von Homestead, 9700 SW 328th St., T 786 335 3612, www.nps.gov/bisc/planyourvisit/camping.htm, Campinggebühr 15 $

Kaffee und Karma

Brewing Buddha Cafe 📖 Karte 4, südwestlich A 8
Der Name des Brewing Buddha Cafe in South Miami ist Programm. Schon wenn man durch die Tür des gemütlichen kleinen Cafés tritt, verfällt man in eine meditative Stimmung. Die Wände des hellen Raums sind mit Efeu bewachsen – man fühlt sich wie in einem Zaubergarten. Das hyperentspannte, freundliche Personal und die vielen kreativen Tee- und Kaffeesorten laden dazu ein, mehr als eine Tasse lang zu verweilen und in einem der gemütlichen Sessel den Tag an sich vorüberziehen zu lassen.

South Miami, 8219 SW 124th St., T 786 842 3342, www.brewingbuddha.com, Mo–Sa 9–19 Uhr

Am Ende der Welt

Lighthouse Cafe im Bill Baggs Cape Florida State Park 📖 Karte 4, E 8
Am Leuchtturm, der am äußersten Ende von Key Biscayne aufragt, fühlt man sich ein wenig wie am Ende der Welt. Der Strand rundherum ist zumeist leer, der Wind streicht über das Dünengras und vor einem liegt nur der offene Atlantik. Wer eine Pause braucht von der Szene in Miami Beach, ist hier bestens aufgehoben und kann bei einem langen Dünenspaziergang zum Sonnenuntergang entspannen. Der Leuchtturm ist Teil

Pausemachen in der Front Row – manches B&B hat vorgesorgt und schon Stühle für Sie auf die Veranda gestellt.

In Miami könnte man 24 Stunden nonstop unterwegs sein. Aber zwischendurch aufzutanken, tut gut. In diesem Sinne: Lassen Sie sich mal so richtig hängen …

des Bill Baggs State Park, weshalb man Eintritt bezahlen muss. Das garantiert aber auch, dass man hier nicht mit Massen von Menschen rechnen muss. Lassen Sie den Tag am besten mit einem Drink oder einem Dinner im Lighthouse Cafe ausklingen

Key Biscayne, 1200 S Crandon Blvd., T 305 361 5811, www.floridastateparks.org/park/ Cape-Florida, Eintritt 8 € pro Fahrzeug, 2 $ für Fahrräder; Lighthouse Cafe ▶ S. 52

Raus aufs Meer
Stand-up-Paddling in der Biscayne Bay 🗺 Karte 4, B 8
Am einfachsten können Sie dem Lärm, der Hektik und dem Verkehr von Miami entkommen, wenn Sie sich hinaus aufs Wasser begeben. Mieten Sie sich in Coral Gables ein Stand-up-Paddleboard (alternativ ein Kajak) und stechen Sie in See. Schon nach wenigen Minuten werden Sie spüren, wie in Ihnen der vollkommene Friede aufsteigt. Die ruhige Bucht von Biscayne, in der sich insbesondere in den Morgenstunden eine spiegelklare, tiefblaue Oberfläche bildet, ist der perfekte Ort für heilsame Einsamkeit. Sie werden bald nur noch den eigenen Paddelschlag hören, während Sie auf die weit entfernten Glastürme von Miami Beach und auf den offenen Atlantik schauen. Und wenn Sie Glück haben, begleitet Sie ein Delfin bei Ihrem Abenteuer.

Adventure Sports, http://adventuresportsusa. com, ▶ S. 83

Strecken und durchatmen
Yoga am Strand oder im Park
Es ist nicht leicht, in Miami die innere Balance zu behalten, egal, ob man hier lebt oder nur vorübergehend weilt. Das hat eine Gruppe von Yoga-Lehrern in der Stadt schon vor längerer Zeit erkannt und Abhilfe geschaffen: Täglich gibt es an verschiedenen Stränden kostenlose Yoga-Stunden, um sich zu strecken und den Geist wieder mit dem Körper zu vereinen. Gehen Sie einfach mit Matte oder Handtuch bewaffnet morgens um 7 Uhr oder nachmittags um 17 Uhr (in den Wintermonaten 18 Uhr) zum **3rd Street Lifeguard Tower** (🗺 Karte 2, C 5) in South Beach; alternativ in den **Bayfront Park** in Downtown (🗺 F 5/6; Mo und Mi um 18 Uhr, in den Sommermonaten um 17 Uhr) oder in den **Peacock Park** in Coconut Grove (🗺 Karte 4, C 7; Di oder Do um 18 Uhr).

www.bayfrontparkmiami.com/YogaClasses.html

ZUM SELBST ENTDECKEN

Vermietungsplattformen wie **Airbnb** (www.airbnb.de) sind auch für Aufenthalte in Miami überaus beliebt. Bislang sind Versuche, Airbnb in Miami einzuschränken, vor Gericht gescheitert. Informieren Sie sich vorab, wie die aktuelle rechtliche Lage ist.

Wer nachhaltig übernachten möchte, sollte darauf achten, dass das Hotel ein Rating der Umweltbehörde des Staates Florida besitzt. Unterkünfte, die als **Florida Green Lodging** angemeldet sind, erfüllen hohe Standards, was die Energieeffizienz und Wassernutzung sowie die Verwendung nachhaltiger Baumaterialien angeht (http://floridadep.gov/osi/green-lodging).

Ab ins Traumland

In gewisser Weise dreht sich in Miami und besonders in Miami Beach alles um Hotels. Miami wurde sogar rund um Hotels gegründet: Es entstand als vornehmer Urlaubsort für Wohlhabende, die den rauen Wintern des Nordostens entfliehen wollten. Davon künden heute noch die opulenten Grandhotels der 1920er-Jahre wie das Biltmore in Coral Gables und die schicken Art-déco-Hotels, denen South Beach sein architektonisches Gesicht und seinen Weltruf verdankt. Längst haben sie Konkurrenz bekommen. Kaum irgendwo sonst gibt es eine derart große Dichte an originellen Boutiquehotels wie in Miami und Miami Beach.

In beiden Städten spielt sich nahezu das gesamte gesellschaftliche Leben in Hotels ab. So besucht man die Rooftop-Bars der Hotels in Downtown zum Cocktail und auch die vornehmsten Restaurants gehören zu Hotels. An den Hotelpools von South Beach steigen die heißesten Partys. Zudem fungieren die Hotels nicht selten als Ausstellungsräume für Kunst.

Natürlich sind die Luxushotels in Miami Beach und Downtown mit 250–400 $ pro Nacht nicht billig. Es gibt aber preiswertere Alternativen: kleine Hostels, charaktervolle Bed and Breakfasts oder Hotels etwas abseits von Downtown bzw. Miami Beach. Die Businesshotels rund um den Flughafen oder im Doral District bieten den gleichen Komfort wie die Hotels von Miami Beach, sind aber deutlich günstiger und dennoch gut angebunden.

Ruhekissen für einen bunten Aufenthalt in Miami

Surferbleibe
Aqua Hotel 🏠 Karte 2, C 3
Das einstige Motel ist in eine coole Unterkunft für Surfer umgewandelt worden, was sich sofort an der aus Surf-brettern gebauten Rezeption erkennen lässt. Die Zimmer sind unterkühlt-modern gestaltet und das gesamte Hotel im US-Motel-Stil rund um den Pool angelegt.
South Beach, 1530 Collins Ave., T 305 538 4361, www.aquamiami.com, DZ ab 100 $

Familiäres Refugium in einer Villa
Bars B & B South Beach
🏠 Karte 2, B 4
Das Bars ist ein kleines Paradies mit sehr persönlicher Atmosphäre. Jedes der acht (teils nicht besonders großen Zimmer) bietet vollen Luxus und Komfort. Umgeben ist das Haus von einem japanischen Garten. Es gibt eine Cocktailstunde mit Wein und Käse und das Personal ist bei der Organisation von Ausflügen und Unternehmungen gern behilflich. In der Nähe befindet sich ein Fahrradverleih.
South Beach, 711 Lenox Ave., T 305 534 3010, www.barshotel.com, DZ ab ca. 200 $

Strandhotel mit Charme
Circa 39 🏠 Karte 4, F 4
Elegantes Boutiquehotel in Strandnähe, gestaltet in einem ausgefallenen Stilmix mit 70er-Jahre-Touch. Mit eigenem Pool, der beliebten »Wunderbar« und einem erstklassigen Restaurant im Haus. Ganz in der Nähe hält der Miami Beach Trolley (kostenlos), der nach South Beach fährt.
Mid-Beach, 3900 Collins Ave., T 305 538 4900, www.circa39.com, DZ ab ca. 169 $

Verspielt
Delano 🏠 Karte 2, C 2
Die Außenfassade des 1947 errichteten denkmalgeschützten Art-déco-Hotels wurde originalgetreu restauriert. Innen gestaltete Stardesigner Philippe Starck 1994 ein postmodernes Wunderland. Der Delano Beach Club mutiert am Abend zu einem lässigen South-Beach-Nachtclub. Benannt ist das Hotel übrigens nach dem amerikanischen Präsidenten Franklin Delano Roosevelt.
South Beach, 1685 Collins Ave., T 305 672 2000, www.morganshotelgroup.com/delano/delano-south-beach, DZ ab ca. 300 $

Terrassenbar und Panoramablick
Epic Hotel 🏠 F 6
Designerhotel mit 54 Stockwerken an der Mündung des Miami River in die Bay, mit Dachterrassenpool auf der 16. Etage und Panoramablicken über die Bucht und auf die Skyline. Zahlreiche Sport- und Wellnessangebote bis hin zu Yoga- und Meditationsgruppen.
Downtown Miami, 270 Biscayne Blvd. Way, T 305 424 5226, www.epichotel.com, DZ ab ca. 215 $

Hip und billig
Freehand Miami 🏠 Karte 4, F 4
Coole Designerherberge mit Art-déco-Anklängen für kleines Geld in South Beach. Man hat die Wahl zwischen privaten und Gemeinschaftszimmern, Letztere im aufgehübschten Jugendherbergsstil. Zum Hotel gehört die angesagte Broken Shaker Bar und um den Pool tobt immer eine Party. Besonders für jüngere Reisende sehr zu empfehlen.
Mid-Beach, 2727 Indian Creek Dr., T 305 531 2727, www.freehandhotels.com/miami, im Mehrbettzimmer ab 33 $

Sehr gute Verkehrsanbindung
Hilton Garden Inn Miami Dolphin Mall 🏠 westlich Karte 4, A 5
Das Hotel liegt weder in Downtown noch am Strand, sondern im Doral District, ist dafür aber deutlich günstiger. Ausgezeichnete Verkehrsanbindung, Pool, Spa, erstklassiges venezolanisches Restaurant. Gegenüber dem Shoppingparadies Dolphin Mall.
Doral District, 1695 NW 111th Ave., T 305 500 9077, www.hiltongardeninn3.hilton.com, DZ ab ca. 135 $

Zu Fuß zu Museen
The Langford Hotel 🏠 E 6
Hotel im Beaux-Arts-Stil in einem denkmalgeschützten Bau aus dem Jahr 1925. Hier war früher die Miami Natio-

nal Bank untergebracht. Das erst 2016 eröffnete Hotel besitzt 126 elegante Zimmer mit 30er-Jahre-Flair und eine Dachterrassenbar. Schön zentral: Nur fünf Gehminuten vom Museum Park und dem Bayside Marketplace entfernt.

Downtown Miami, 121 SE 1st St., T 305 250 0782, www.eurostarshotels.com/eurostars-langford.html, DZ ab 161 $

Weltläufig und heimelig zugleich
Mayfair Hotel & Spa 🏨 Karte 3, A 3
Oase der Erholung im Herzen von Coconut Grove. Mit Gestaltungsdetails aus vielen Teilen der Welt wurde eine inspirierende Atmosphäre geschaffen. Die überdimensionalen Suiten mit eigenem Jacuzzi, die Bäder und Massage-Angebote und die Lounge auf dem Dach mit Meeresblick bieten viele Möglichkeiten zu relaxen. Im hoteleigenen Restaurant Spartico schwingt Ted Mendez den Kochlöffel, der mit seiner frischen, leichten Küche (auch gute vegetarische Gerichte) schon Preise eingeheimst hat.

Coconut Grove, 3000 Florida Ave., T 305 441 0000, www.mayfairhotelandspa.com, DZ ab ca. 200 $

Ordentliches Paar vor der Hochzeits-suite – Miami ist zum Heiraten beliebt.

Selbstverpflegung möglich
The Mutiny Hotel 🏨 Karte 3, A 3
Das Mutiny (›Meuterei‹) ist vielleicht die günstigste Möglichkeit, in Coconut Grove direkt am Wasser zu übernachten. Die bezahlbaren Zwei-Zimmer-Suiten haben sämtlich Balkone mit Meeresblick. Zur praktischen und komfortablen Ausstattung gehört jeweils eine Küche mit allem Drum und Dran – inklusive Spülmaschine. Falls Sie die erkochten Kalorien schnell wieder loswerden wollen, können Sie rund um die Uhr den Fitnessbereich nutzen, zu dem auch eine Sauna gehört.

Coconut Grove, 2951 South Bayshore Dr., T 305 441 2100, www.mutinyhotel.com, DZ ab 150 $

Überraschungsei
Pelican Hotel 🏨 Karte 2, C 4
Das Pelican ist ein einziges verrücktes Experiment. Jedes Zimmer präsentiert sich als eine eigene Fantasie-Suite und ist meist einer TV-Serie oder einem Film gewidmet. Die Gestaltungsthemen reichen von der Westernserie »The High Chaparral« bis hin zu »Tarzan«, im Zimmernamen verballhornt zu »Me Tarzan, You Vain«. Meist ist jede Menge Farbe im Spiel. Lassen Sie sich überraschen.

South Beach, 826 Ocean Dr., T 305 673 3373, www.pelicanhotel.com, DZ ab 165 $

Flughafennah und gut angebunden
Pullman Miami Airport Hotel
🏨 Karte 4, A 5
Die größere Entfernung zu Downtown und Miami Beach (zu beiden Zielen benötigt man per Auto jedoch nur 20 Min.) stellt sich schnell als Vorteil heraus. Hier bekommt man für sein Geld einen bedeutend besseren Gegenwert als in manchem zentral gelegenen Hotel. 281 Zimmer und Suiten mit dem für die Kette typischen Komfort und Service. Toll ist der Blick auf die Skyline von Miami.

5800 Blue Lagoon Dr., T 305 264 4888, www.pullmanhotels.com, DZ ab 169 $

Traditionsherberge
Roam Miami 🏨 D 6
Trotz Komplettrenovierung ist das 100 Jahre alte Gästehaus in Little

Havana – Miamis älteste Gästepension – seinen historischen Wurzeln treu geblieben. Viele der Zimmer sind wochen- oder sogar monateweise angemietet, daher fühlt es sich eher wie eine Wohngemeinschaft als wie ein Hotel an, mit gemeinsamem Wohnzimmer und Arbeitsbereichen.

Little Havana, 118 SW South River Dr., T 732 796 3143, www.roam.co/places/miami, DZ ab ca. 100 $

Bezahlbarer Art-déco-Schick
Hotel St. Augustine 🏠 Karte 2, C 5
Wenn Sie hier ein Zimmer buchen, sind Sie mitten im Geschehen von South Beach. Das St. Augustine an der Washington Avenue ist ein geschmackvoll restauriertes altes Art-déco-Hotel, das ausgesuchte Inneneinrichtung mit modernem Komfort verbindet und dabei trotzdem bezahlbar ist.

South Beach, 347 Washington Ave., T 877 347 8430, www.hotelstaugustine.com, DZ 85 $

Art-déco-Nostalgie
The Tides South Beach
🏠 Karte 2, C 3
Das 1936 errichtete Tides am Ocean Drive ist ein Art-déco-Klassiker – und zwar ein ganz besonderer: Seinerzeit war es das einzige Hochhaus in Florida. Zu erleben ist hier Luxuswohnen in klassischem Designambiente. Die Bar und die Lobby mit ihren ägyptischen Anklängen sind Juwelen der Innenausstattung.

South Beach, 1220 Ocean Dr., T 305 604 5070, www.tidessouthbeach.com, DZ ab ca. 100 $

Miami auf die sparsame Tour
The Tropics Hotel & Hostel
🏠 Karte 2, C 2
Das günstigste Hotel im Art-déco-Distrikt, direkt gegenüber vom Strand. Es gibt Privatzimmer und hostelartige 8-Bett-Zimmer. Wem eine zweckmäßige Bleibe völlig ausreicht, der kann hier prima unterkommen und braucht dennoch nicht auf Annehmlichkeiten wie einen großen Swimmingpool zu verzichten.

South Beach, 1550 Collins Ave., T 305 531 0361, www.tropicshotel.com, DZ ab 59 $

Sieben Etagen Leuchtkraft im Art-déco-Stil. Das Hotel Victor verbindet Gegenwart und Vergangenheit.

Miami Modern
The Vagabond Hotel 🏠 Karte 4, D 3
Eines der neuesten Designerhotels am Biscayne Boulevard. Gestaltet ist es im charakteristischen Miami-Modern-Stil, der mit kitschigem Neon und Delta-Flügeln auf die verspielten 50er- und 60er-Jahre verweist. Zum Hotel gehört mit Vagabond Kitchen und Bar eines der beliebtesten Downtown-Restaurants.

Downtown Miami, 7301 Biscayne Blvd., T 305 400 8420, www.thevagabondhotel.com, DZ ab 169 $

30er-Jahre-Eleganz
Hotel Victor 🏠 Karte 2, C 3/4
Ganz schön aufgepeppt zeigt sich der Art-déco-Klassiker, seit der renommierte Designer Yabu Pushelberg sich seiner angenommen hat. Durch die Neugestaltung haben die Räume eine natürliche Eleganz erhalten, die viel Harmonie ausstrahlt. 91 tipptopp ausgestattete Luxussuiten mit Meeres- bzw. Stadtblick. Hoteleigener Pool und Brasserie.

Miami Beach, 1144 Ocean Dr., www.hotelvictorsouthbeach.com, T 305 779 8700, DZ ab ca. 200 $

Miami à la carte

Miami ist in den letzten 15 Jahren erwachsen geworden. Im Fahrwasser der Art Basel ist kosmopolite Eleganz in die Stadt geweht, die eine neue Klientel anzog. Das macht sich nirgendwo so stark bemerkbar wie in der Foodszene. Heute brauchen sich die Restaurants in Miami nicht mehr vor denen in New York oder Los Angeles zu verstecken.

Noch vor 20 Jahren gab es in Miami bis auf die Angebote der kubanischen Küche in Little Havana kaum Interessantes zu essen. Man war auf Fast Food und meist einfallslose Hotelkost angewiesen. Doch Anfang der 90er-Jahre begann Miami zur Highend-Shopping-Destination zu werden, Milliardäre aus Südamerika und Russland strömten in die Stadt. Im Kampf um diese Klientel begannen die Hotels Sterneköche anzuheuern. Sie zettelten einen Wettbewerb um Qualität an, der die Gastroszene der ganzen Stadt mit sich zog.

Internationale Starköche eröffneten Restaurants in Downtown, South Beach, Coconut Grove und Coral Gables. Die lokale Konkurrenz stellte sich dem Vergleich und hat das Niveau enorm angehoben. Dabei hat die Szene von Miami ihre eigene Identität bewahrt. Leichte, frische Kost ist dem Klima entsprechend stark gefragt. Gleichzeitig sind die lateinamerikanischen und vor allem kubanischen Einflüsse überall spürbar, ergänzt durch die Küche aus anderen Teilen Lateinamerikas. Man kann peruanisch inspirierte Haute Cuisine ebenso genießen wie einen authentischen mexikanischen Taco von einem Food Truck.

ZUM SELBST ENTDECKEN

An neun verschiedenen Orten in Miami finden Sie Filialen von **El Palacio de Los Jugos.** Alle sehen aus wie Fast-Food-Buden mit dem üblichen Angebot. Doch überraschenderweise bieten sie die leckersten kubanischen Köstlichkeiten der Stadt ganz frisch auf die Hand: *tamales, chicharrónes* und Zuckerrohrsaft vom Feinsten für ein paar Dollar. In Downtown: 5721 W Flagler St., T 305 262 0070; in Little Havana: 14300 SW 8th St., T 305 221 1616; in Coral Gables: 7085 SW 24th St., T 305 269 5116; weitere Locations: www.elpalaciodelos jugos.com.

Darf's ein bisschen mehr sein? Am Straßenverkaufsfenster eines Cafecito in Little Havana unbedingt.

SO BEGINNT EIN GUTER TAG IN MIAMI

Coffee Cubano
All Day 🍴 E 4

Cooler Coffee Shop nahe dem Museum Park – ein beliebter Nachbarschaftstreff. Da Kaffee nicht gleich Kaffee ist, hat sich Camila Ramos, die das Café mit Partner Chris MacLeod betreibt, intensiv in die Barista-Sphäre begeben, wo sie bei Championships schon Top-Plätze belegte. Hervorragender Espresso und Café cortado, dazu leckere Snacks, beispielsweise Pan con croquetas und Avocado-Toast.

Downtown Miami, 1035 N Miami Ave., T 305 669 3447, www.alldaymia.com, Mo–Fr 7–19, Sa, So 9–19 Uhr, ab 11 $

Cafecito an der Calle Ocho
El Cristo Restaurant 🍴 A 7

Original kubanisches Frühstück mitten in Little Havana. Günstige Frühstücksvarianten und Gerichte von der Insel in nüchterner Kantinenatmosphäre, dafür mit viel Little-Havana-Flair. Probieren Sie die kubanischen Klassiker Sandwich Cubano und Ropa vieja (wörtlich ›alte Kleidung‹; geschmortes Rindfleisch mit Gemüse) oder das El-Cristo-Frühstück (um 11 $): Eier ›sunnyside up‹ mit Schinken oder Würstchen und zwei Pfannkuchen. Dann sind Sie mit Sicherheit für einige Stunden satt.

Little Havana, 1543 SW 8th, www.elcristorestaurant.com, T 305 643 9992, tgl. 8–24 Uhr

Mittendrin
Greenstreet Cafe 🍴 Karte 3, A 3

Alteingesessenes Café-Restaurant in Coconut Grove. Innen gemütliches Backsteinambiente mit großformatigen Schwarz-Weiß-Bildern an den Wänden, draußen eine große Terrasse mit angenehm legerer Atmosphäre – ein perfekter Ort, um zu brunchen und sich unter die Leute zu mischen.

Coconut Grove, 3468 Main Hwy., T 305 444 0244, So–Di 7.30–1, Mi–Sa 7.30–3 Uhr, www. greenstreetcafe.net, Hauptgerichte ab 13 $

Frisch gebacken
Zak the Baker 🍴 D 1

Zak in Wynwood backt die besten Brote und leckersten Teilchen der Stadt. Sein Erfolg bei den erstrangigen Restaurants von Miami motivierte ihn vor ein paar Jahren, einen eigenen Laden zu eröffnen. Hier bekommen Sie ab 7 Uhr morgens ein ausgezeichnetes Breakfast-Sandwich, süßes Kleingebäck und einen starken kubanischen Kaffee. Zak erfreut sich so großen Zuspruchs, dass Sie je nach Uhrzeit erst mal Schlange stehen müssen. Das Frühstück geht nahtlos ins vitaminreiche Mittagessen über. Sonntags 9–17 Uhr Brunch.

Wynwood, 405 NW 26th St., T 786 347 7100, www.zakthebaker.com, tgl. 7–19, Fr bis 18 Uhr

WO ESSEN AUF NACHHALTIGKEIT TRIFFT

Frisches im Streetart-Distrikt
Alter 🍴 D 1

Alle Zutaten, die der erfahrene Chefkoch und Besitzer Bradley Kilgore verarbeitet, kommen aus Florida. Zur frischen und leichten saisonalen Kost passt die kreative Industrieloft-Atmosphäre. Fürs Genießen der 5-, 7- oder 8-Gang-Menüs sollte man sich ausreichend Zeit nehmen. Gute Weinkarte.

Wynwood, 223 NW 23rd St., T 305 573 5996, www.altermiami.com, Di–So 19–23 Uhr, 5-Gang-Menü für 2 Personen 75 $

Organisch-frisch
Michael's Genuine Food & Drink 🍴 Karte 4, D 4

Michael Schwartz' Restaurant blickt auf eine über zehnjährige Geschichte im Design District zurück. Hervorragend, ungekünstelt, saisonal – so lauten die Attribute seiner Kochkunst mit Zutaten aus organischem Anbau. Um die beste Qualität zu sichern, ordert Michael Schwartz bei handverlesenen lokalen Farmern und Fischern. Für den exzellenten Ruf des Lokals sorgt nicht nur das Essen, sondern auch die Atmosphäre, die in besonderer Weise

Menschen zusammenbringt und Nähe entstehen lässt.
Design District, 130 NE 40th St., T 305 573 5550, www.michaelsgenuine.com, tgl. 11.30–23, Fr, Sa bis 24, So-Brunch 11–16 Uhr, Hauptgericht ab 12 $

Lokale Zutaten
Whisk Gourmet 🍴 Karte 4, B 7
Das bei den Anwohnern überaus beliebte Restaurant bringt amerikanische Klassiker wie Burger, Fried Chicken oder das Südstaatengericht Shrimp 'n' Grits auf den Tisch. Superlecker! Die Zutaten sind organisch produziert und stammen aus der Umgebung von Miami.
Coral Gables, 7382 SW 56th Ave., T 786 268 8350, http://whiskgourmet.com, Mo–Do 11–22, am Wochenende 11–23, So-Brunch 10.30–16 Uhr, Hauptgerichte ab 20 $

....
SANDWICH & CO.
....

Panini und Café con leche
Buena Vista Deli 🍴 Karte 4, D 4
Café am Rande des Design-Distrikts, das sein Kalorienangebot auch optisch verlockend präsentiert: Teilchen, Kuchen und Sandwiches. Letztere sind perfekt für einen schnellen Lunch zwischen Shopping und Galerien-Hopping.
Design District, 4590 NE 2nd Ave., T 305 576 3945, www.buenavistadeli.com, tgl. 7–21 Uhr, Sandwiches ab 8 $

Mexiko auf die Hand
Coyo Taco 🍴 D 1 und Karte 4, D 5/6
Tagsüber gibt's im Coyo Taco die leckersten Tacos von ganz Miami, schnell auf die Hand und günstig. Abends verwandelt sich das Lokal in eine Bar mit DJ und Livemusik. Filiale in Brickell.
Wynwood, 2300 NW 2nd Ave., T 305 573 8228, www.coyo-taco.com/wynwood, Mo–Sa 11–3, So 11–23 Uhr, ab 8 $
Brickell, 1111 SW 1st Ave., T 786 773 3337, So–Do 11–23, Fr, Sa 11–2 Uhr

Herzhaft und hausgemacht
Enriqueta's Sandwich Shop 🍴 E 1
Cafeteria für einfache hausgemachte, kubanische Gerichte wie Pan con bistec

(Brot mit Beefsteak) und Lechón Asado (kubanisches Schweinefleisch). Hungrig gehen Sie bestimmt nicht nach Hause.
Wynwood, 186 NE 29th St., T 305 573 4681, www.enriquetas.com, Mo–Fr 6.30–19, Sa 7–15 Uhr, Sandwiches ab 8 $

Belegte Brote
La Sandwicherie 🍴 Karte 2, C 3; E 7
Frische, französische Sandwiches mitten in South Beach. Gut auch als Pausenstopp beim Clubbing. Fast rund um die Uhr geöffnet. Zweite Filiale in Brickell.
South Beach, 229 14th St., T 305 532 8934, www.lasandwicherie.com, So–Do 8–5, Fr, Sa 8–6 Uhr, Sandwiches ab 8 $
Brickell, 34 SW 8th St., T 305 374 9852, So–Mi 9–5, Do, Fr, Sa 9–6 Uhr

Fiesta Mexicana
Taquiza 🍴 Karte 2, C 3
Authentischer mexikanischer Taco-Shop in South Beach mit traditionellen Speisen. Bestellen können Sie z. B. Taco al pastor (mit Schweinefleisch) oder aus blauem Teig hergestellte Mesa Tortillas. Es gibt auch mexikanisches Bier.
South Beach, 1506 Collins Ave., T 305 748 6099, www.taquizatacos.com, tgl. 10–24, am Wochenende bis 2 Uhr, ab 10 $

....
INSTITUTIONEN UND SZENETREFFS
....

Ein Hauch Karibik
Ariete 🍴 Karte 3, A 3
Chefkoch Michael Beltran wuchs in Little Havana auf und das merkt man seinen Kreationen an. Die Gerichte in seinem Restaurant in Coconut Grove, das schnell Kultstatus erlangte, sind raffiniert und herzhaft mit französischer Note und erkennbar karibischem Touch.
Coconut Grove, 3540 Main Hwy., T 305 640 5862, www.arietemiami.com, Lunch Mo–Do 11–15, Dinner Mo–Do 16–23, Fr, Sa 18–23, So 18–22, Brunch So 11–15 Uhr, Hauptgerichte 20 $

Mitternachts-Burger
Big Pink 🍴 Karte 2, C 5
Optisch sind die pinkfarbene Fassade und der davor platzierte pinke VW-Käfer die Markenzeichen des 1996 eröffneten

Eines der alten Lagerhäuser im Wynwood District wurde 2010 als Gesamtkunstwerk aus Streetart und Kochkunst neu eröffnet: Wynwood Kitchen & Bar

großräumigen Restaurants. Hier bekommen Feierlustige Pizza und Hamburger in feinster Qualität – am Wochenende sogar bis weit nach Mitternacht.

South Beach, 157 Collins Ave., T 305 531 0888, www.mylesrestaurantgroup.com, Mo–Mi 8–24, Do–So 8–2 Uhr, ab 15 $

Crossover

Eating House Miami  Karte 4, B 5

Das Eating House hat sich in den letzten Jahren zum Hot Spot in Coral Gables gemausert. Kreative Karte mit Einflüssen aus Italien, Griechenland, der Karibik und Fernost. Rosenkohl wird z. B. mit koreanischer Barbecue-Sauce, Knoblauch und Ingwer verfeinert.

Coral Gables, 804 Ponce De Leon Blvd., T 305 448 6524, www.eatinghousemiami.com, Lunch, Di–Fr 11.30–15, Dinner Di–Sa 18–23, Sa, So Brunch 11–15.30 Uhr, Hauptgerichte ab 16 $

Gastropub

Pinch Kitchen Karte 4, D 3

Gemütlicher Pub mit klassischer amerikanischer Küche. Die jungen Chefs John Gallo und Rene Reyes haben jede Menge Energie und Enthusiasmus, um getreu ihrem Motto »Small Bites. Big Impact« Neues in Sachen ›Kleine Happen‹ auszuprobieren. Riesenauswahl an interessanten Craftbieren.

Downtown Miami, 8601 Biscayne Blvd., T 305 631 2018, www.pinchmiami.com, tgl. 12–15, 18–23 Uhr, Hauptgerichte ab 20 $

Urgestein des Wynwood

Wynwood Kitchen & Bar D 1

Hier ist der Herzschlag des Wynwood zu spüren. Kein Wunder, wurden die Wände doch von so renommierten Streetart-Künstlern wie Shepard Fairey gestaltet. Man speist sozusagen mitten

93

Lockangebote und wahre Verlockungen gibt's en masse am Ocean Drive.

in einem Kunstwerk. Gut, dass das Ambiente mit einer gesunden, kreativen Küche lateinamerikanischer Prägung daherkommt. Es gibt also mehr als einen Grund, zum Lunch oder Dinner in der Wynwood Kitchen & Bar aufzuschlagen.
Wynwood, 2550 NW 2nd Ave., T 305 722 8959, www.wynwoodkitchenandbar.com, Mo–Sa 11.30–15.30, 17.30–22.30, Do–Sa länger, So 11.30–16.30 Uhr

EXPERIMENTIERFREUDIG UND UNGEWÖHNLICH

Hotelküche mit Auszeichnung
15th & Vine Kitchen and Bar ⓦ F 7
Der große Restauranttrend in Miami sind Hotelrestaurants, hier tummeln sich die Starköche. Besonders beliebt ist das 15th & Vine im W Hotel an der Biscayne Bay. Gehobene amerikanische Küche mit lateinamerikanischer Note, aber auch europäischen und asiatischen Anklängen. Toller Blick durch die Panoramafenster auf Stadt und Bucht.
Brickell, 485 Brickell Ave., T 305 503 4400, www.wmiamihotel.com, tgl. 7–23 Uhr, Hauptgerichte ab 23 $

Dinieren mit Stil
Bazaar Mar by José Andrés
ⓦ Karte 4, D 6
Kreative Fischspezialitäten im angesagten Brickell-Distrikt. Das Ambiente wurde von Stardesigner Philippe Starck entworfen und ist durch kühle, doch keineswegs unterkühlte Eleganz geprägt.
Brickell, 1300 S Miami Ave., T 305 615 5859, www.sbe.com/restaurants/locations/bazaar-mar, tgl. 18–22, So-Brunch 11–15 Uhr, Hauptgerichte ab 12 $

Mittelmeer in Miami
Byblos ⓦ Karte 2, C 2
Leichte mediterrane Kost im Royal Palm South Beach Hotel zu erschwinglichen Preisen. Zu den Spezialitäten gehören Lammrippchen und in Joghurt gebackene Scholle. In puncto Interieur wurde auf einen farbenfrohen Mix gesetzt, in dem Sie gewiss Ihren Lieblingsplatz finden.
Miami Beach, 1545 Collins Ave., T 305 508 5041, www.byblosmiami.com, tgl. 18–2 Uhr, Hauptgerichte 19–24 $

1001 Nacht
Fooq's ⓦ E 4
Ein gemütlicher Dinnerspot mit Außenterrasse in Downtown Miami. Kleine, vielseitige Karte mit persisch-französischen Gerichten.
Downtown Miami, 1035 N Miami Ave., T 786 536 2749, www.fooqsmiami.com, Di–Do 17.30–22.30, Fr, Sa 17.30–23 Uhr, ab 11 $

Steaks vom Feuer
Los Fuegos by Francis Mallmann
ⓦ Karte 4, F 4
Das extravagante Faena Hotel in Miami Beach mit seiner futuristischen Architektur, der zugehörigen Kunstgalerie und der Lounge ist seit seiner Eröffnung die Sensation in Miami Beach. Das gilt auch für das angeschlossene Restaurant des argentinischen Starkochs Francis Mallmann. Gönnen Sie sich das beste – am offenen Feuer zubereitete – Steak der Stadt.
Miami Beach, 3201 Collins Ave., www.faena.com/miami-beach/restaurant/los-fuegos-by-francis-mallmann, Frühstück 7–11.30, Lunch 12–16, Dinner 18.30–22, Fr, Sa bis 23 Uhr, Sandwiches ab 14 $, Steaks ab 38 $

Grillparty
KYU 🚇 D 1
Einer der hippsten Spots im ultra-hippen Wynwood. Das Ambiente ist loftartig, industriell, mit rohen Backsteinwänden, die Atmosphäre betont lässig. Der Name KYU, eine Verkürzung des Worts ›Barbecue‹ auf die Endsilbe, ist Programm. Hier werden asiatische und amerikanische Barbecuegerichte und -techniken zu einem einzigartigen Erlebnis gemixt. Wynwood, 251 NW 25th St., T 786 577 0150, http://kyumiami.com, Mo–Sa 12–23.30, So 11–22.30 Uhr, Hauptgerichte ab 31 $

Lunch am Strand
Lightkeepers 🚇 Karte 4, E 8
Dinieren oder brunchen Sie in Key Biscayne direkt am Strand auf der Terrasse des Ritz Carlton. Die Küche ist leicht und modern, mit frischen Austern und Fisch von örtlichen Fischern. Samstags und sonntags Brunch. Key Biscayne, 455 Grand Bay Dr., T 305 365 4156, www.ritzcarlton.com/en/hotels/miami/key-biscayne/dining/lightkeepers, So–Do 7–22, Fr, Sa 7–23 Uhr, die Bar ist länger geöffnet, Hauptgerichte ab 25 $.

Soul Food
The Local Craft Food & Drink
🚇 Karte 4, B 6
Erstaunlicherweise gibt es in Miami kaum Restaurants mit authentischer Südstaatenküche. The Local in Coral Gables ist eine rühmliche Ausnahme. Laben Sie sich an klassischen Leckereien wie Hot Browns, gekochten Erdnüssen und Fried Chicken. Dazu gibt es eine große Auswahl an Bieren aus US-Kleinbrauereien. Coral Gables, 150 Giralda Ave., T 305 648 5697, www.thelocal150.com, tgl. 11–2 Uhr

Thai in Havana
Lung Yai Thai Tapas 🚇 A 7
Eigentlich ist Lung Thai mitten in Little Havana mit seinen thailändischen Spezialitäten deplaziert. Doch die südostasiatischen Häppchen sind so lecker, dass die Kubaner Lung Thai fest in ihr Herz geschlossen haben. Thai-Currys in vielen Varianten, auch vegetarisch.

Little Havana, 1731 SW 8th St., T 786 334 6262, www.lungyaithaitapas.com, Mo–Do 12–15, 17–24, Fr, Sa 12–15, 17–1, So 17–24 Uhr, Snacks ab 6 $, Hauptgerichte ab 11 $

Mediterran
Mandolin Aegean Bistro
🚇 Karte 4, D 4
Das beste türkisch-griechische Lokal von Miami liegt lauschig versteckt in einem Hinterhof im hippen Design District. Ahmet Erkaya und Anastasia Koutsioukis zogen von New York nach Miami, um hier ihr Traumrestaurant zu eröffnen. Design District, 4312 NE 2nd Ave., T 305 576 6066, www.mandolinmiami.com, tgl. 12–23 Uhr, Hauptgerichte ab 18 $

Austern tanken
Mignonette 🚇 F 3
Die umgewandelte alte Tankstelle im Brickell-Bezirk ist auf frische Meeresfrüchte spezialisiert und vor allem auf Austern, Austern, Austern. Täglich gibt's viele verschiedene Varianten. Brickell, 210 NE 18th St., T 305 374 4635, www.mignonettemiami.com, Lunch Mo–Fr 12–15, Dinner So–Do 17.30–22, Fr, Sa 17.30–23 Uhr, Brunch am Wochenende ab 12 Uhr, Austern ab 3 $/Stück

Barcelona in Miami
NIU Kitchen 🚇 F 5
Modern interpretierte katalanische Küche. Intime, romantische Atmosphäre und eine erstklassige Speisekarte: z. B. Kartoffelschaum mit schwarzem Trüffel oder Oktopus-Carpaccio. Downtown Miami, 134 NE 2nd Ave., T 786 542 5070, www.niukitchen.com, Mo–Do 18–22, Fr, Sa 18.23 Uhr, ab 11 $

Art-déco-Nostalgie
Orange Blossom 🚇 Karte 2, C 1
Nostalgisches Restaurant im Stil der 30er-Jahre mit gehobener, neuamerikanischer Küche, die sich international Einflüssen nicht verschließt. Der Name geht übrigens auf den »Orange Blossom Special« zurück, den luxuriösen Zug, der ab 1925 New York mit Miami verband. Miami Beach, 2000 Collins Ave., T 305 763 8983, Facebook: Orange Blossom, tgl. 7.30–23 Uhr, ab 20 $

Lunch an der Zaubermeile
Ortanique ⬤ Karte 4, B 6
Lauschiges Bistro direkt an der Miracle Mile in Coral Gables mit gehobener karibischer und lateinamerikanischer Küche. Der Familienbetrieb blickt auf fast 20 Jahre Erfahrung zurück.
Coral Gables, 278 Miracle Mile, T 305 446 7710, www.ortaniquerestaurants.com, tgl. 11.30–23 Uhr, Hauptgerichte ab 17 $

Opulent und originell
Pao by Paul Qui ⬤ Karte 4, F 4
Das Pao ist das Hauptrestaurant des derzeit angesagtesten Hotels von Miami Beach, des Faena. Wie der Baukomplex selbst ist das Essen extravagant – eine ausgefallene Mischung aus philippinischer, japanischer und texanischer Barbecueküche. Perfekt für einen besonderen, wenngleich nicht ganz billigen Abend.
Miami Beach, 3201 Collins Ave., T 786 655 5600 und 844 798 9713, www.faena.com/miami-beach/restaurant/pao-by-paul-qui, Di–Do 19–23, Fr, Sa 19–24 Uhr, Hauptgerichte ab 18 $

Sushi mit Promis
Zuma ⬤ F 6
Beliebter Treffpunkt im Epic Hotel. Genießen Sie Cocktails und ein romantisches Dinner mit Ausblick auf den Miami River in leicht unterkühlter Designeratmosphäre. Die Karte ist an moderner japanischer Küche ausgerichtet, Sushi und Sashimi stehen im Fokus. Am Wochenende trifft man sich hier zum Champagner-Brunch.
Downtown Miami, 270 Biscayne Blvd. Way, T 305 577 0277, www.zumarestaurant.com, Mo–Mi 12–15, 18–23, Do, Fr 12–15, 18–24, Sa 11.30–14 (Brunch), 18–24, So 11.30–14.30 (Brunch), 18–23 Uhr, Hauptgerichte ab 30 $

....
KUBANISCHE KÜCHE
....

Ein Happen Havana
El Exquisito ⬤ A 7
Was 1974 als kleiner Familienbetrieb mit nur 20 Plätzen in der Calle Ocho begann, ist heute eine echte Institution mit 100 Plätzen. Die heutigen Besitzer, die das Traditionslokal 2012 übernahmen, folgen dem Motto »Wenn's für uns nicht gut ist, ist's auch nicht gut für sie«, die Gäste. Bestellen könnten Sie z. B. Bistec de Palomilla (kubanisches Steak), gebratene Leber oder Ochsenschwanz-Eintopf mit *plátanos* (Kochbananen).
Little Havana, 1510 SW 8th St., T 305 643 0227, www.elexqusitomiami.com, tgl. 7–23 Uhr, Sandwiches ab 11 $

Fleischvarianten à la Kubana
Islas Canarias
⬤ Karte 6, G 3
Unaufgeregtes und authentisches kubanisches Restaurant im Herzen von Little Havana. Hierher pilgern die Locals schon seit zwei Generationen und lassen sich Schweinshaxen nach dem Rezept der Restaurantgründer Raul und Amelia Garcia schmecken, ebenso wie Ochsenschwanz-Eintopf oder Rindersteak ›Uruguayano‹.
Little Havana, 3804 SW 137th Ave., T 305 559 0111, www.islascanariasrestaurant.com, tgl. 6.30–23 Uhr, Hauptgerichte ab 12 $

Mojitos und Ceviche
Larios on the Beach ⬤ Karte 2, C 4
Kubanische Küche von Kennern am Ocean Drive. Original kubanische Gerichte und legendäre Mojitos von den kubanischen Popstars Gloria und Emilio Estefan bzw. ihren Angestellten. Kleine Gerichte wie Moros oder Ceviche ab 15 $.
South Beach, 820 Ocean Drive, T 305 532 9577, www.lariosonthebeach.com, tgl. 11–24 Uhr

Kuba in South Beach
Puerto Sagua ⬤ Karte 2, C 4
Bereits 1968 sicherte sich Puerto Sagua seinen Platz in der Restaurantszene von South Beach. Authentische kubanische Küche, die aus jahrzehntelangen Erfahrungen schöpft. Was auch immer Sie aus der breit gefächerten Karte wählen, es wird sorgfältig zubereitet sein.
South Beach, 700 Collins Ave., T 305 673 1115, http://puertosagua.restaurantwebexpert.com, tgl. 7.30–2 Uhr, Sandwich ab 5,95 $, Hauptgerichte ab 10,25 $

IMBISSWAGEN MIT KULTSTATUS

Chef Jeremiah stand die Welt der internationalen Spitzenküche offen. Er hatte in den besten Restaurants der USA gearbeitet, doch er wollte etwas anderes, als ein weiteres Sternerestaurant zu eröffnen. So kaufte er sich 2009 einen klassischen Airstream-Trailer von 1962 aus blank poliertem Stahl und verwandelte ihn in eine mobile Küche. Darin bereitete er inspirierte Variationen amerikanischer Klassiker wie Burger oder Pulled Pork Sandwiches und verkaufte sie vom Trailer aus. Das Konzept war ein durchschlagender Erfolg und löste einen Trend aus. Inzwischen bevölkern Hunderte von Food Trucks die Straßen von Miami. Kaum ein Top-Restaurant kann es sich noch leisten, seine Gerichte nicht von einem Lastenanhänger aus unter die Leute zu bringen. So kreuzt inzwischen in den Geschäftsbezirken von Downtown, insbesondere am Tropical Park und am Museum Park, an jedem beliebigen Wochentag eine Flotille von Schlemmertrucks auf. Entlang der Collins Avenue in Miami Beach sowie im Wynwood und im Design District hat man ebenfalls eine Riesenauswahl. Das größte Angebot gibt es jedoch beim Wynwood Art Walk (2. Sa im Monat, ▶ S. 41). Der originale Trailer von Chef Jeremiah existiert nicht mehr, doch ein Nachfolger in einem alten Bullet-Trailer steht heute in South Beach an der Ecke Washington Avenue und 11th Street. Wer wissen will, welche Trucks an einem bestimmten Tag wo stehen, findet Infos unter: http://roaminghunger.com/food-trucks/fl/miami.

Kitsch und Kuba-Sandwiches

Versailles 🍴 Karte 4, C 5
Das Versailles ist das bei Weitem beliebteste kubanische Restaurant von Miami. Zu einem Highlight vieler einheimischer Familien hat sich der Brunch am Wochenende entwickelt. Teil des Erlebnisses ist das kitschige Dekor inklusive Kronleuchter. Die kubanischen Sandwiches – beispielsweise Chicken Breast Sandwich oder Croquette Sandwich (6 bzw. 7 $) – sind absolut original. Gleiches gilt für die Huhn- und Fischgerichte. Das Versailles liegt an der Calle Ocho, allerdings ein ganzes Stück außerhalb des Kernbezirks.

Little Havana, 3555 SW 8th St., T 305 444 0240, www.versaillesrestaurant.com, Mo–Do 8–1, Fr–Sa 8–2.30, So 9–1 Uhr, Hauptgerichte ab 16 $

ZUM SELBST ENTDECKEN

Klassische Einkaufsviertel findet man in Miami nicht – zum Bummeln gibt es ja schließlich die vielen Malls. Auf eine gewisse Dichte an Geschäften trifft man jedoch an der **Lincoln Road** in **South Beach.** Dort liegt auch der **Espanola Way,** ein eher künstlich wirkender, leicht kitschiger kubanischer Bezirk, wo man lateinamerikanische Kuriositäten erstehen kann. Ebenfalls zum Selbst-Entdecken eignet sich die **Miracle Mile,** die Hauptstraße im Herzen von **Coral Gables.** Auch der zentrale Bezirk von **Coconut Grove** rund um die **Grand Avenue** ist so kompakt, dass man sich die Shops samt Restaurants und Cafés gut erschließen kann.

Miamis Mega-Malls

Das Shoppingerlebnis in Miami ist durch und durch amerikanisch: Man fährt in eine der vollklimatisierten Mega-Malls und lässt sich dort von Boutique zu Boutique treiben, unterbrochen nur von gelegentlichen Pausen für einen Smoothie, eine Gourmetpizza oder einen Cappuccino.

Südflorida ist das Land der Luxus-Malls – hypermoderne, von Stararchitekten entworfene Riesenkomplexe, in denen man voll und ganz im Konsumrausch versinken kann. Gerade in den vergangenen 15 Jahren ist eine Mall nach der anderen aus dem Boden geschossen. Nun lassen die Konsumtempel nichts unversucht, um sich im Kampf um die Destinations-Shopper gegenseitig auszustechen.

Einen Tag in einer Mall wie dem noch recht neuen Brickell City Centre oder den edlen Bal Harbour Shops sollten Sie sich durchaus mal gönnen. Dazu müssen Sie Ihre europäischen Erwartungen an Individualität allerdings hinter sich lassen und sich vollends der amerikanischen Gigantomanie und Neigung zum Massenkonsum hingeben.

Ganz und gar muss man jedoch auch in Miami nicht auf das Individuelle verzichten. Wer es wirklich sucht, findet es auch. Etwa bei einem Bummel über den Obstmarkt von Little Havana, beim Besuch eines Reggae-Plattenladens in Little Haiti oder beim Streifzug über den Flohmarkt The Miami Flea in der Innenstadt.

Der Konkurrenzkampf zwischen den Shoppingmalls ist hart, Kundennähe ist da keine Zeitverschwendung.

BÜCHER UND MUSIK

Schmöker-Oase
Books & Books 🛍 Karte 4, B 6
Das erste Books & Books wurde 1982 in Coral Gables eröffnet. Vom ausgefallenen Sachbuch bis zum neusten Bestseller wird eine große Bandbreite an Büchern verkauft – gute Beratung inklusive. Im mediterranen Innenhofcafé können Sie sich bei einem Cappuccino stundenlang der Lektüre hingeben. Wegen der großen Beliebtheit wurden Ableger in Coconut Grove, Miami Beach, in den Bal Harbour Shops und in Key West eröffnet. Sehr empfehlenswert sind die Autorenlesungen.
Coral Gables, 265 Aragon Ave., T 305 442 4408, www.booksandbooks.com, So–Do 9–23, Fr, Sa 9–24 Uhr, Fr, Sa ab 19 Uhr Livemusik im Café

Unabhängig
Bookstore & Kitchen 🛍 Karte 3, A 3
Jede(r) kann hier für sich entscheiden, wie er bzw. sie es hält: Erst lesen, dann essen oder erst essen, dann lesen? Oder beim Essen lesen? Wie auch immer – in diesem unabhängigen Buchladen mit Café und WLAN mitten in Coconut Grove können Sie sich mit geistiger und organischer Nahrung (z. B. mit hübsch garnierten Sandwiches) stärken. Ein Ort mit einer relaxten, inspirierenden Atmosphäre. Halten Sie auf der Facebook-Seite des Ladens Ausschau nach interessanten Lesungen und kleinen Events.
Coconut Grove, 3390 Mary St., Suite 166, T 305 443 2855, www.thebookstoreandkitchen.com, tgl. 7–19 Uhr

Musikwohnzimmer
Brooklyn Vintage & Vinyl
🛍 Karte 4, D 4
Der Laden, der als einer der besten verbliebenen Plattenläden in den USA gilt, fühlt sich an wie ein Wohnzimmer. Wer nicht nach Tonträgern stöbern mag, kann einfach mit einem Kaffee auf einem der Sofas entspannen.
Allapattah, 3454 NW Seventh Ave., Unit C, T 305 575 9160, www.brooklynvintageandvinyl.tumblr.com

Die Schallplatte ist tot! – von wegen: Sweat Records in Little Haiti ist Kult.

Süße Klänge
Sweat Records 🛍 Karte 4, D 4
Sweat Records im Herzen von Little Haiti ist das Epizentrum der Musikszene von Miami. Hierher kommen DJs und Sammler, um nach Vinylschätzen zu graben. Das Angebot geht quer über alle Genres. Ausgesprochen beliebt sind auch die Konzerte und Filmvorführungen sowie der »Classic Album Sunday«. Einfach nur einen Kaffee zu trinken und die Szene auf sich wirken zu lassen, ist ebenfalls völlig okay.
Little Haiti, 5505 NE 2nd Ave., T 786 693 9309, www.sweatrecordsmiami.com, Mo–Sa 12–22, So 12–17 Uhr

FLOH- UND STRASSENMÄRKTE

Die große Vielfalt in Downtown
The Miami Flea 🛍 E 3
Von alten Taschen über Kunst und Kunsthandwerk bis hin zu Möbeln und Teppichen gibt es hier nichts, was es nicht gibt. Auch das Angebot an Kleidung ist riesig. Das Shoppingerlebnis wird durch Livemusik und Stände mit Snacks und kleinen Gerichten ergänzt. Relaxte Atmosphäre, viele Locals.

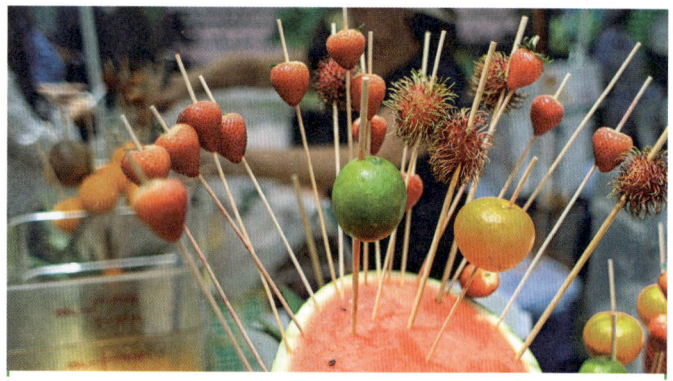

FARMERS MARKETS – MÄRKTE, DIE VOR VITAMINEN STROTZEN

Obwohl Miami von Autoverkehr und Mega-Malls bestimmt wird, sprießen an jedem Wochenende an vielen Ecken der Stadt Bauernmärkte aus dem Asphalt. Hier kann man nicht nur frisches Obst und Gemüse kaufen, sondern auch allerlei Leckereien probieren. Eine Auswahl: **Los Pinareños Fruteria** im Herzen von Little Havana ist der bekannteste Frischmarkt der Stadt (🛍 B 7, 1334 SW 8th St., T 305 285 1135, Mo–Sa 7–18, So 7–15 Uhr). Jeden Tag kann man vor Ort gepresste Obstsäfte, frischen Zuckerrohrsaft, Smoothies und den berühmten Café Batido probieren, einen Bananenshake mit kubanischem Kaffee. Sonntags findet in South Beach zwischen Washington und Meridian Avenue der **Lincoln Road Farmers Market** statt (🛍 Karte 2, B 2, Lincoln Rd., So 9–18.30 Uhr). Ein ähnlich breit gefächertes Angebot an frischem Obst, Gemüse und Spezialitäten wie dieser hält der **Mary Brickell Village Farmers Market** bereit (🛍 E 7, 901 South Miami Ave., So 10–16 Uhr). Empfehlenswert sind auf dem **Brickell City Centre Farmers Market** die Fruchtsmoothies und die argentinischen Empanadas (🛍 E 7, zwischen 7th und 8th Street unter den Metromover-Schienen, So 11–18 Uhr). Etwas Besonderes sind auf dem **Coconut Grove Saturday Organic Market** die jamaikanischen Spezialitäten und das Eisangebot mit Geschmacksrichtungen wie Erdnuss oder Kokosmilch (🛍 Karte 3, A 3, 3300 Grand Ave./Margaret St., Sa 11–19 Uhr). Frische Lebensmittel bekommen Sie hier natürlich auch – in Bioqualität. Auf dem **Coral Gables Farmers Market** wird Obst aus der Gegend, aber auch kubanischer Kaffee und Gebäck nebst Tai-Chi- und Yoga-Stunden unter Palmen an Mann und Frau gebracht (🛍 Karte 4, B 6, 405 Biltmore Way, Mitte Jan.–Mitte März Sa 8–14 Uhr).

Downtown Miami, 1418 NE Miami Court, einmal im Monat So 17–21 Uhr. Die Termine finden Sie auf der Facebook-Seite von Miami Flea und auf www.aedistrictmiami.com.

Basar-Atmosphäre
Opa-Locka Hialeah Flea Market
🛍 Karte 4, B 2
Auf dem größten ›Flea Market‹ in Miami, der mehr Basar als echter Flohmarkt ist, bieten über 800 Händler ihre Waren an: von Kleidung bis zu Schmuck, von Küchenutensilien bis zu Autos – größtenteils Neuware. Der Besuch lohnt eher wegen der authentischen Szene als wegen origineller Fundstücke.

Opa Locka, 12705 NW 42 Ave., T 305 688 0500, www.opalockahialeahfleamarket.com, tgl. 7–18 Uhr

Familienspaß
Revelation Marketplace
🛍 Karte 6, G 4
Einer der größten der Flea Markets findet im Homestead District statt. Mit seinen Spielgelegenheiten und einem kleinen Rummelplatz ist er bei einheimischen Familien beliebt. Snacks und kleine Speisen werden reichlich angeboten.
Homestead, 27455 S. Dixie Hwy., www.reve lationmarketplace.com, Mi–Sa 10–21 Uhr

Mega-Flohmarkt
Redland Market Village
🛍 Karte 6, G 4
Das Redland Market Village ist ein Zusammenschluss mehrerer Flohmärkte zu einem Mega-Flohmarkt, ergänzt durch einen Bauernmarkt. Das Ganze dehnt sich auf einer Fläche von rund 27 Hektar aus. Viele Food Trucks.
Homestead, 24420 S Dixie Hwy, http://red landmarketvillage.com, Do, Fr 11–18, Sa, So 7–18 Uhr

Hippie-Mode
Tropicana Flea Market
🛍 Karte 4, C 4
Ganz der Mode der 60er- und 70er-Jahre ist der Tropicana-Flohmarkt gewidmet. Hier finden Sie z. B. 60er-Jahre-Röcke, neonfarbene Schuhe, Batik-T-Shirts und Elton-John-Sonnenbrillen.
Östl. des Flughafens, 2951 NW 36th St., http://tropicanafleamarket.com, Fr–So 7–19 Uhr

GESCHENKE, DESIGN, KURIOSES

Design made in Miami
Design Shop 🛍 Karte 4, D 4
Kleiner, origineller Design-Shop. Außer modernen Möbeln – von Sofas bis zu Schreibtischen – bekommen Sie hier Objekte junger Designer aus Miami zum Mitnehmen und Verschenken.
Little Haiti, 5582 NE 4th Ct. #7a, T 786 762 6949, www.designshopmia.com, tgl. 10–19 Uhr

Moderner Kitsch
Fly Boutique 🛍 Karte 4, D 3
Kitsch-Boutique mit viel Retro-Mode wie beispielsweise 60er-Jahre-Miniröcke und Strandwickeltücher, aber auch Einrichtungsaccessoires im Hippie-Stil.
Upper East Side, 7235 Biscayne Blvd., T 305 604 8503, www.flyboutiquevintage.com

Surferparadies
Fritz's Skate, Bike & Surf 🛍
Karte 2, C 2
Holen Sie sich die aktuellsten Surfshorts, Flip-Flops und Sonnenbrillen von den Profis. Verkauf (und Verleih) von Surf- und Skateboards sowie Rädern; auch Kurse.
South Beach, 1620 Washington Ave., T 305 532 1954, www.fritzsmiamibeach.com, tgl. 10–21 Uhr

Für den guten Zweck
Lotus House Thrift Chic Boutique
🛍 C 2
Secondhandmode für Frauen: 80er-Jahre-Blusen, Designerstiefel, Lederjacken; außerdem exzentrische Kunst. Und das Beste: Der Erlös kommt obdachlosen Frauen und Kindern zugute.
Allapattah, 2040 NW 7th Ave., T 305 576 4112, www.lotushouse.org

Apropos Kaufen – auch das gibt's in Wynwood: eine Bäckerei (Zak the Baker, ▶ S. 91)

Streetart zum Mitnehmen
Wynwood Walls Shop 🛍 D 1
Der offizielle Shop der Wynwood Walls. Neben Originalwerken von bedeutenden Streetart-Künstlern kann man hier Drucke, Poster, T-Shirts, Kappen und allerlei andere Mitbringsel rund um Streetart und Graffiti erwerben. Auch Bücher, u. a. das »Wynwood Walls Book«.
Wynwood, 2520 NW 2nd Ave., T 305 576 8205, www.thewynwoodwalls.com > Wynwood Walls Shop, Mo–Do 11–19, Fr, Sa 11–21, So 11–17 Uhr

SHOPPING MALLS

Vorort-Shopping
Aventura Mall 🔖 Karte 6, H 2
Die Aventura Mall in Miamis Norden gilt als die meistbesuchte Mall der Vereinigten Staaten. Im Fokus der Kundenaufmerksamkeit stehen Niederlassungen der berühmten New Yorker Kaufhäuser Bloomingdale's und Macy's sowie des New Yorker Edeljuweliers Tiffany.
Aventura (ca. 20 km nördlich der Innenstadt), 19501 Biscayne Blvd., T 305 935 1110, www.aventuramall.com, Mo–Sa 10–21.30, So 12–20 Uhr (Restaurants etc. z. T. abweichend)

Edel und teuer
Bal Harbour Shops 🔖 Karte 4, F 2
Open-Air-Shopping-Center im vornehmen Bal Harbour nördlich von Miami Beach. Hier findet die Dame von Welt Topmarken wie Dior, Chanel, Prada und Alexander McQueen, kann sich eine 500-Dollar-Frisur verpassen lassen oder im edlen Le Zoo an einem Marmorgoldfischteich lunchen. Perfekt zum People-Watching.
Bal Harbour, 9700 Collins Ave., T 305 866 0311, www.balharbourshops.com, tgl. 10–21 Uhr

Shopping mit Musik
Bayside Marketplace 🔖 F 5
Im Zentrum von Miami, direkt an der Bucht, liegt eine der Top-Attraktionen der Stadt: der 1987 eröffnete Bayside Marketplace. Neben Shops und Restaurants auf drei Ebenen gibt es einen kleinen Markt und häufig Livemusik.
Downtown Miami, 401 Biscayne Blvd., T 305 577 3344, www.baysidemarketplace.com, Mo–Do 10–20, Fr, Sa 10–23, So 11–21 Uhr

Shopping der Zukunft
Brickell City Centre 🔖 E 7
Das Brickell ist das Einkaufszentrum der Zukunft – ein »neues Modell für urbane Malls«, so ein Kritiker. Der hypermoderne Komplex wirkt mit seinen zwei Luxus-Apartment-Türmen, einem Hotel und drei großzügigen Ebenen mit Geschäften wie eine Stadt in der Stadt. Internationale Standardmarken wie Armani, Boss oder Balanciaga sind vertreten, ergänzt durch eine Bandbreite an Qualitätsrestaurants von Barbecue bis vegan und hübschen Espressobars. Der Besuch lohnt aber allein schon wegen der futuristischen Architektur der Gruppe Arquitectonica.
Brickell, 701 S Miami Ave., T 305 350 9922, www.brickellcitycentre.com, tgl. 10–21.30 Uhr

Die Kunst, mit wenig auszukommen, um viel zu zeigen: Angesichts des überbordenden Konsumangebots in der Bay-Metropole müssen sich auch etablierte Marken etwas einfallen lassen, um Aufmerksamkeit für ihre Produkte zu wecken.

Mit schattigem Innenhof
CocoWalk 🔒 Karte 3, A 3

Halb offenes, im mediterranen Stil gestaltetes Shoppingcenter im Herzen von Coconut Grove. In dieser Mall geht es wesentlich legerer zu als in den Highend-Malls in Downtown und an den Beaches. Sie können entspannt im palmenbepflanzten Innenhof sitzen, Kaffee trinken und das Gratis-WLAN nutzen. Bei Catch a Wave gibt es hübsche Surf- und Strandklamotten. Abends entfaltet sich eine lebendige Bar- und Livemusikszene.

Coconut Grove, 3015 Grand Ave., T 305 444 0777, www.cocowalk.net, So–Fr 10–22, Sa 10–23 Uhr (Bars bis 3 Uhr morgens geöffnet)

Mall mit Tradition
Dadeland Mall 🔒 Karte 4, A 8

Eine der ältesten und größten Malls von Miami; 185 Geschäfte. Im Zentrum stehen Niederlassungen der New Yorker Kaufhäuser Macy's, JC Penney und Saks Fifth Avenue. Recht neu ist ein Edelflügel mit Nobelmarken, u. a. Porsche Design.

Dadeland, 7535 N. Kendall Dr., T 305 665 6226, www.simon.com/mall/dadeland-mall, Di–Sa 8–24, So 7–18 Uhr

Markenschnäppchen
Dolphin Mall 🔒 Karte 6, G 3

Kurz vorm Heimflug können Sie hier noch die Koffer füllen. Zur Mega-Mall mit Multiplex-Kino westlich des Flughafens gehören annähernd 250 Geschäfte. Ein wahres Paradies für Schnäppchenjäger! Viele Top-Marken wie DKNY, Tommy Hilfiger oder Nike betreiben in der Mall Outlet-Geschäfte.

Sweetwater, 11401 NW 12th St., T 305 365 7446, www.shopdolphinmall.com, Mo–Mi 10–22, Fr, Sa 10–23 Uhr

Einkaufen wird zum Tagesausflug
Mary Brickell Village 🔒 E 7

Wenn Sie sich ins Mary Brickell Village begeben, sind Sie mitten im Herzen des jungen, angesagten Wohnbezirks Brickell. Neben vielen Modeboutiquen für Damen und Herren bieten Kosmetik- und Friseursalons allerlei Möglichkeiten, sich aufzuhübschen, und in Elektronikläden kann man überlegen, ob sich

Akustische und visuelle Reize sollen dafür sorgen, dass der Aufenthalt in einer Mall niemals langweilig wird.

größere Anschaffungen angesichts der Zollvorschriften lohnen. Die meisten Locals kommen allerdings der vielen Restaurants und Bars wegen ins Brickell Village (u. a. Blue Martini, Fado Irish Pub oder das peruanische Lokal Cuzco Cucina). Abends lässt sich das Village gut als Sprungbrett in die Nacht nutzen.

Brickell, 901 South Miami Ave., T 305 381 6130, www.marybrickellvillage.com, tgl. bis 21 Uhr (Lokale länger)

Designer Shops und Frozen Yogurt
Shops at Merrick Park
🔒 Karte 4, B 6

Hübsch angelegte Outdoor-Mall mit Palmen und Springbrunnen im Herzen von Coral Gables. Hier gibt es alles von Top-Designermarken wie Diane von Furstenberg oder Boss bis zu Budget-Ketten wie Gap. Abrunden können Sie das Einkaufserlebnis mit einem Pausenstopp bei Sawa (leichte mediterrane und fernöstliche Kost) oder bei Yogurberry (erfrischender Frozen Yogurt in guter Qualität).

Coral Gables, 358 San Lorenzo Ave., T 305 529 1215, www.shopsatmerrickpark.com, Di–So 10–22 Uhr

Megaclubs und Latin Nights

Geben wir's doch zu: Die Tage am Strand und die Nächte in den Clubs von South Beach oder den Salsa-Schuppen der Calle Ocho – das ist das Leben, von dem viele träumen, wenn sie an Miami denken. Dass die Stadt mit Ausgelassenheit und der Lizenz, über die Stränge zu schlagen, in Verbindung gebracht wird, hat seinen Grund. Heiße Nächte, in denen vieles geht, was anderswo nicht geht, gehörten schon immer zu Miami.

Spätestens während der Prohibition in den 1920er- und 1930er-Jahren wurde Miami Beach zum Magneten für Feierlustige aus den gesamten USA. Die Mafia betrieb in den Hinterzimmern der Hotels illegale Spielkasinos, wo Rum aus Kuba in Strömen floss. In den 70er- und 80er-Jahren schneite Kokain aus Kolumbien und Honduras nach Miami herüber und fand Eingang in die Partys der Reichen und Schönen.

South Beach mit seinen Megaclubs ist der bekannteste Nighlife-Spot. Aber die wiederbelebte Downtown von Miami steht dem in nichts mehr nach. Auch dort findet man Lounges, oft Cocktailbars mit Ausblick, die sich im Laufe der Nacht in Tanzclubs verwandeln. Lebendiger noch geht es in den Salsa-Läden der Calle Ocho zu, wo zu Latin-Jazz und Son Cubano die ganze Nacht die Hüften geschwungen werden.

ZUM SELBST ENTDECKEN

Sich durch die Nacht treiben zu lassen ist in Miami nicht so einfach. Die Clubs sind verstreut und fußläufig nicht leicht zu erreichen. Auf eigene Faust kann man **Wynwood** noch recht gut erkunden, wo sich die Partys, Kneipen und Livebühnen in ein paar Straßenblocks drängen. Ein guter Treffpunkt in Downtown ist das **Brickell Village.** Von den dortigen Bars wechselt man später am Abend in die nahen Clubs und Lounges.

Gut aufgelegt: DJ Irie aus Miami lässt den Plattenteller glühen, auch DJs aus dem Ausland reizt die Stadt.

BARS UND KNEIPEN

Cocktailbar für den Überblick
Area 31 ⚙ F 6
Restaurant und Cocktailbar im 16. Stock des Epic Hotel Downtown. Das Area ist eine der Ultra-Lounges, die alles hat: einen tollen Blick über den Hafen von Miami, eine Craft-Cocktailbar, zwei Pools, leckere Happen vom Starkoch (die Kräuter kommen vom *herb garden* auf der Terrasse!) und eine coole Happy-Hour-Szene.
Downtown Miami, 270 Biscayne Boulevard Way, T 305 424 5234, www.area31restaurant.com, tgl. bis 23 Uhr

*Das Universum der Barmixer
und Barmixerinnen*

High Society
The Bar at Level 25 ⚙ Karte 4, D 6
Weitläufige Rooftop-Bar im 25. Stock des Conrad Hotel. Sie ist ein weiterer Beleg dafür, dass Miamis heißeste Szene in den Hotels zu finden ist. Durch die großen Fenster und vom umlaufenden Balkon haben Sie einen sensationellen Blick auf Miami und die Bucht.
Brickell, 1395 Brickell Ave., T 305 503 6500, www.conradmiami.com, tgl. 18–23 Uhr

Cocktails und Musik
Blackbird Ordinary ⚙ E 7
Cocktailbar mit angesagten DJs im coolen, jungen Wohnbezirk Brickell. Genießen Sie lässige Drinks und tanzen Sie bis in die Morgenstunden zu Hip-Hop, Reggae und House mit einer bunt gemischten, jungen Klientel.
Brickell, 729 SW 1st Ave., T 305 671 3307, www.blackbirdordinary.com, tgl. 15–5 Uhr, Einlass ab 21 Jahre

Künstlerkneipe
Gramps ⚙ D 1
Ins Gramps in Wynwood kann man jeden Abend reinstolpern und wird nicht enttäuscht. Gleich ob Indie-Rock-Acts am Start sind, DJs auflegen oder eine Comedy-Show geboten wird, in der Künstlerkneipe ist immer was los.
Wynwood, 176 NW 24th St., T 305 699 2669, www.gramps.com, Mo–Mi 11–1, Do–Sa 11–15, So 11–1 Uhr

Relaxed am Pool
Skybar at Shore Club ⚙ Karte 2, C 1
Die Poolpartys in der Skybar at Shore Club sind legendär, Beyoncé, Victoria Beckham und andere Stars der So-Be-Szene sind Stammgäste. Entsprechend schwierig ist es bisweilen die Eingangskontrolle zu passieren. Doch wer einen echten Eindruck von South Beach bekommen möchte, sollte es auf jeden Fall probieren.
South Beach, 1901 Collins Ave., T 305 695 3100, www.morganshotelgroup.com > Miami Beach > Shore Club, So–Do 16–24, Fr, Sa 16–2 Uhr

---

SCHWUL-LESBISCHE SZENE

Miami ist für sein Gay-Nightlife bekannt. Nirgendwo sonst in den USA ist das schwule Nachtleben so ausschweifend. Der beliebteste Gay Club ist das **Twist** in South Beach, mit sieben Bars und einer Bühne für Go-go-Boys, alles unter einem Dach (⚙ Karte 2, C 4, 1057 Washington Ave., T 305 538 9478, www.twist sobe.com, tgl. 24–5 Uhr). Ebenso ausgelassen geht's im benachbarten **Score Nightclub** zu (⚙ Karte 2, C 3, 1437 Washington Ave., T 305 535 1111, www.scorenightclub. com, tgl. 22.30–5 Uhr). Der **Azucar Nightclub** ist der größte schwule Latino Club der USA mit Transvestitenbällen und viel heißer Salsa (⚙ Karte 4, C 6, 2301 SW 32nd Ave., T 305 443 7657, www.azucarmiami. com, 22.30–5 Uhr).

Wer die Area 31 (▶ S. 105) erstmals besucht, ist überwältigt: Zum Greifen nah scheinen die Skyscraper, zugleich ist die städtische Hektik in weite Ferne gerückt.

Abstrakte Kunst
Sunset Lounge ☼ Karte 2, A 4
Die Sunset Lounge im Mondrian Hotel ist einer der heißesten Spots für Happy-Hour-Drinks in South Beach. Lassen Sie sich in einer der 30 Cabañas am Hotelpool nieder, genießen Sie den spektakulären Ausblick über die Bucht zum Sonnenuntergang und gönnen Sie sich eine der kreativen Cocktailkreationen des ›Hotelmixologen‹.
South Beach, 1100 West Ave., T 305 514 1940, www.morganshotelgroup.com/mondrian, So–Do 19–23, Fr, Sa 19–24 Uhr

Sounds aus der Steckdose
Das **Ultra Music Festival** rühmt sich, das größte Festival für elektronische Musik der Welt zu sein. Für ein Wochenende im März verwandelt sich der Bayfront Park in eine gigantische Tanzfläche. Auf sieben Bühnen legen die besten DJs der Welt auf, 2017 kamen 165 000 Feierlustige und Fans der EDM (*Electronic Dance Music*). Seit der Gründung 1999 hat sich das Festival über die ganze Welt ausgebreitet (Ableger u. a. in Rio de Janeiro, Kapstadt und Tokio).
www.ultramusicfestival.com

....
LIVEMUSIK
....

Hipster-Schuppen
Electric Pickle ☼ E 1
Fast ein Jahrzehnt hat das Electric Pickle, das sich selbst eine intime, alkoholgetriebene Love Machine nennt, auf dem Buckel und ist frisch wie eh und je. In dem gemischten Indoor-Outdoor-Kunst- und Musikraum mitten im Hipster-Bezirk Wynwood ist immer was los. Tagsüber wird Kunst gemacht und ausgestellt, nachts wird zu Livemusik oder den Sounds wechselnder DJs getanzt.
Wynwood, 2826 N Miami Ave., T 305 456 5613, www.electricpicklemiami.com, Mi–Sa 22–5 Uhr

Art-déco-Flair und Hip-Hop
The Fillmore Miami Beach
☼ Karte 2, C 2
Der Ableger des gleichnamigen legendären New Yorker Clubs ist die

Veranstaltungsbühne Nummer eins in Miami Beach. Die Acts reichen von aktuellen Hip-Hop-Stars über angesagte Latinobands bis hin zu Revuenummern. Bemerkenswert schönes Ambiente: Das Fillmore ist in einem restaurierten Art-déco-Theater beheimatet.

Miami Beach, 1700 Washington Ave., T 305 673 7300, www.fillmoremb.com

Jazz und Wein

Lagniappe ☼ Karte 4, D 4
Ein Abend mit Frischluftgarantie: Das Lagniappe ist eine Weinbar im New-Orleans-Stil unter freiem Himmel in Wynwood. Sie nehmen sich eine Flasche und einen Teller mit kalten Köstlichkeiten aus dem Innenraum mit, setzen sich in den Hinterhof und saugen den klassischen Dixiesound in sich auf.

Wynwood, 3425 NE 2nd Ave., T 305 576 0108, www.lagniappehouse.com, tgl. 18–2, Livemusik 9–24 Uhr

Livemusik und Bier

Wood Tavern 🔵 D 1
Legere Kultbar im Wynwood District mit mit coolen Cocktails, rund 30 Biersorten und täglicher Livemusik im Graffiti-besprühten Innenhof. Ein guter Spot, um sich unter die Leute zu mischen.

Wynwood, 2531 NW 2nd Ave., T 305 748 2828, www.woodtavernmiami.com, Mo 17–2, Di–Sa 17–3, So 15–24 Uhr

LATIN MUSIC

Latin Jazz

Ball & Chain ☼ A 7
Eine Ikone des Latin Jazz mitten in Little Havana – seit den 1930er-Jahren ununterbrochen in Betrieb. Auf zwei Bühnen, drinnen und im Innenhof, spielen lateinamerikanische Trompeter und Saxofonisten tanzbaren Jazz, bis die Sonne über der floridianischen Metropole aufgeht. Hier kommen Sie garantiert ins Schwitzen.

Little Havana, 1513 SW 8th St., T 305 643 7820, www.ballandchainmiami.com, Mo–Mi 12–24, Do, Fr 12–3, Sa 11–3, So 11–1 Uhr, Einlass ab 21 Jahre

Sexy

La Covacha ☼ Karte 6, G 2/3
Im westlich gelegenen Sweetwater treffen sich die jungen Lateinamerikaner. Wie heiß die Party im La Covacha werden kann, lässt sich daran ablesen, dass es 2017 vorübergehend schließen musste, weil sich einige Gäste auf der Tanzfläche aller Kleidungsstücke entledigten. Kommt nicht wieder vor, versicherte der Clubbetreiber.

Sweetwater, 10730 NW 25st St., T 305 594 3717, www.lacovacha.com, Mo–Do 10–23, Fr 10–5, Sa, So 22–5 Uhr

Salsa

Hoy Como Ayer ☼ Karte 4, C 5
Der authentischste Salsa-Schuppen nördlich des kubanischen Havana. Ein

MIAMI FÜR FILMFANS

Das Kinoangebot reicht vom Multiplex in der Mall (z. B. Aventura Mall) bis zum charmanten Arthouse-Kino wie dem restaurierten **Tower Theater** an der Calle Ocho (☼ A 7, www.towertheatermiami.com). Im **O Cinema Wynwood** werden Kunstfilme und Klassiker gezeigt, während man auf Sofas herumlümmelt, an billigen Snacks knabbert und Bier trinkt (☼ E 1, www.o-cinema.org). Einen besonderen Kinoabend kann man auch im schicken, intimen **Cinépolis Coconut Grove** in Coconut Grove erleben, wo man zum Film Drinks und Essen serviert bekommt (☼ Karte 3, A 3, www.paragontheaters.com).

winziger, intimer Raum mit kleinen Tischen, Rumcocktails bis zum Abwinken und seelenvoller lateinamerikanischer Musik bis in die Morgenstunden.
Little Havana, 2212 SW 8th St., T 305 541 2631, www.hoyocomayer.us, Do–Sa 8.30–4 Uhr

Dinner and a Show
El Tucán ☀ Karte 4, D 5
El Tucán belebt die alte Tradition der Dinnerclubs im Trendviertel Brickell wieder. Genießen Sie an weiß eingedeckten Tischen gehobene kubanische Küche, während bekannte Latino-Pop- und Jazzstars und die Tucán-Hausband aufspielen. Unbedingt Sakko oder Abendkleid anlegen. Prix-fix-Menü ab 55 $. Man kann aber auch einfach nur an der Bar stehen, einen Cocktail trinken und der Musik lauschen.
Brickell, 1111 SW 1st Ave., T 305 535 0065, http://eltucanmiami.com, Dinner & Show Fr, Sa 19.30–23.30, Nightclub Do–Sa ab 12.30 Uhr

Salsa tanzen
YUCA ☀ Karte 2, C 2
YUCA steht für »Young.Urban.Cuban. Americans« – und der Name ist Pro-

gramm. Hier treffen sich junge Kubaner und Kubanerinnen, um Salsa zu tanzen. Im Erdgeschoss werden kubanische Spezialitäten serviert und im Ballsaal im zweiten Stock kann man mittwoch- und freitagabends einen Salsa-Schnellkurs belegen, um anschließend mit den Profis die Nacht zu durchtanzen.
Miami Beach, 501 Lincoln Rd., T 305 532 9822, www.yuca.com, So–Do 12–23, Fr, Sa 12–24 Uhr

TANZEN

Party-Keller
Basement ☀ Karte 4, F 4
Im Basement ist man zum Tanzen gezwungen – Sitzplätze Fehlanzeige. Dafür gibt es neben der Tanzfläche eine Schlittschuh- und eine Bowlingbahn.
Miami Beach, 2901 Collins Ave., www.basementmiami.com, tgl. 17–2, Mi, Sa, Fr bis 5 Uhr

Downtown Techno
Club Space ☀ E 4
Im Club Space, einem der ältesten Technoclubs in Downtown, legen einige

Um so schön entspannt am Pool eines Clubs plauschen zu können, müssen Sie erst mal am Türsteher vorbeikommen. Schauen Sie am besten auf der jeweiligen Website nach, ob und welchen Dresscode es gibt (Skybar at Shore Club, ▶ S. 105).

der beliebtesten Haus-DJs auf. Die Fläche von 2500 m² verteilt sich auf eine einstige Lagerhalle und eine Dachterrasse, wo die Party oft am nächsten Tag weitergeht.
Downtown Miami, 34 NE 11th St., T 786 357 6456, www.clubspace.com, teils 24 Std. lang geöffnet, genaue Öffnungszeiten s. Website

Around the Clock
E11EVEN Miami ✿ E 4
Seit seiner Eröffnung 2014 ist dies der Club der Clubs in Miami. Die Party hört niemals auf: Das E11EVEN hat rund um die Uhr geöffnet. Auf der Hauptbühne gibt es erotische Cabaret-Darbietungen, bevor die ganze Nacht getanzt wird.
Downtown Miami, 29 NE 11th St., T 305 829 2911, www.11miami.com, 24 Std. geöffnet

Mega-Party
LIV ✿ Karte 4, F 4
Der Mega-Club von South Beach schlechthin! Man erlebt eine Party, bei der sich die Reichen und Schönen von South Beach treffen – sofern man es schafft, am Türsteher vorbeizukommen. Billig ist das Vergnügen garantiert nicht.
South Beach, 4441 Collins Ave. (in der Mall Fontainebleau Shops), T 305 674 4680, www. livnightclub.com, tgl. 23–5 Uhr

3000 Quadratmeter Spaß
STORY Nightclub ✿ Karte 2, C 5
Neben LIV der zweite Mega-Club von David Grutman in Miami Beach. Bei einem Urlaub auf Ibiza entdeckte er die Elektroszene für sich und brachte sie nach Miami. STORY und LIV gehören zu den erfolgreichsten Clubs der USA.
South Beach, 136 Collins Ave., T 305 479 4426, www.storymiami.com, Do–Sa 23–5 Uhr

Hoch oben
Whisper Cocktail Lounge ✿ F 7
Die Whisper Cocktail Lounge ist einer der coolsten Spots, um die Nacht einzuläuten. Schlürfen Sie Cocktails und schwofen sie zu House Beats im 50. Stockwerk des W Hotel mit grandiosem Blick über die Bucht.
Brickell, Downtown Miami, 485 Brickell Ave., www.wmiamihotel.com, Mi, Do 18–23, Fr, Sa bis 2.30 Uhr

DIE GROSSE BÜHNE

Für internationale Top Acts, die auf Großtournee sind, hat Miami gleich drei Auftrittsbühnen:
Das **Adrienne Arsht Center for the Performing Arts** mit seinem hypermodernen Prunkbau ist Heimat des Balletts und der Oper. Daneben gastieren hier auch Weltstars des Pop, Rock und Jazz (✿ F 3, 1300 Biscayne Blvd., T 305 949 6722, www.arshtcenter.org).
Die benachbarte **American Airlines Arena** ist die Heimat der Miami Heat, des dreifachen Champions im Basketball. Wenn nicht gerade die Basketballer ihre Künste zeigen, kann man hier Topstars erleben – von Lady Gaga bis zu Kanye West (✿ F 4/5, 601 Biscayne Blvd., T 786 777 1000, www.aaarena.com).
Das **New World Center** in Miami Beach ist die Heimat des Symphonieorchesters von Miami, der New World Symphony. Der Frank-Gehry-Bau ist Super-Hightech. Die Konzerte werden digital an der Außenwand übertragen, wo man sie gratis genießen kann (✿ Karte 2, C 2, Miami Beach, 500 17th St., T 305 673 3330, 800 597 3331, www.nws.edu).

Hin & weg

ANKUNFT

… mit dem Flugzeug:
Die internationalen Flieger und viele In-
landsflieger landen auf dem **Miami International Airport (MIA),** ca. 11 km
westlich der Innenstadt (T 305 876
7000, www.miami-airport.com).
Transfer: Die schnellste und günstigste
Möglichkeit, vom Flughafen in die Stadt
zu gelangen, ist die Fahrt mit dem
MIA Mover, einer automatisierten
Schwebebahn. Nehmen Sie den Mover
vom Terminal aus zum sogenannten
Miami Intermodal Center (MIC, www.
micdot.com), einem Verteilerbahnhof für
verschiedene Transportmittel östlich vom
Flughafen. Die Fahrt dauert vier Minuten. Von hier aus können Sie für 2,25 $
die **Orange Line** der **Metrorail** nach
Downtown Miami nehmen (www.mia
midade.gov/transit/metrorail.asp). Dort
gibt es zwei Haltestellen: Government
Center und Brickell. Sie können vom
MIC aber auch ein Taxi nehmen, das
22 $ nach Downtown und 32 $ nach
Miami Beach kostet. Alternativ können
Sie über Uber (www.uber.com/de/cities/
miami) oder Lyft (www.lyft.com/cities/
miami-fl) einen **Mietwagen mit Fahrer**
bestellen. Dazu laden Sie am besten
noch im Terminal, wo es freies WLAN
gibt, die Gratis-Apps auf Ihr Smart-
phone. Dann brauchen Sie nur noch
eine Kreditkarte. Uber und Lyft sind in
der Regel in Miami schnell und zuver-
lässig. Noch günstiger ist der Kleinbus
SuperShuttle, den Sie mit anderen
Passagieren teilen. Sie können einen
Platz im Voraus buchen unter www.
supershuttle.com/locations/miamimia.
Der Bus **Miami Beach Airport Express**
fährt regelmäßig (www.miamidade.gov/
transit/bus-airport-flyer.asp).

DIPLOMATISCHE VERTRETUNGEN

**Generalkonsulat der Bundesrepublik
Deutschland:** 100 N Biscayne Blvd.,
Suite 2200, Miami, FL 33132-2381,
T 305 358 0290, www.miami.diplo.
de. In Pass- und Visumsangelegenheiten Mo–Fr 8.30–11 Uhr (mit Termin),
in allen anderen Angelegenheiten
13.30–15.30 Uhr.

*Dass Miami eine Kunstmetropole ist, zeigt sich schon im Transitbereich des
Flughafens, auf dem jährlich über 44 Millionen Passagiere gezählt werden.*

EIN HURRIKAN UND SEINE FOLGEN

Miami ist im Sommer 2017 gerade noch mal mit einem blauen Auge davongekommen, als Hurrikan Irma über das Land hinwegfegte. In Downtown und Miami Beach stand das Wasser vorübergehend kniehoch in den Straßen, aber es hätte deutlich schlimmer kommen können. So wie in Key West etwa, das dem Tropensturm der Kategorie fünf völlig ungeschützt ausgeliefert war. Hier richtete Irma schwere Verwüstungen an.

Südflorida ist eine der am stärksten von tropischen Stürmen und Hurrikans bedrohten Regionen des amerikanischen Kontinents. Fast jedes Jahr fegt während der Sturmsaison im Spätsommer und Herbst ein Sturm über die Halbinsel. Dass das Gebiet ein Sumpfland ist, verschärft die Lage – der steigende Meeresspiegel hat die Flutgefahr dramatisch erhöht.

Als Reisender können Sie nicht viel mehr tun, als sich gut über die aktuelle Lage zu informieren. Im Sinne der Nachhaltigkeit ist es wichtig, mit dem Ökosystem schonend umzugehen. Die Korallenriffe und die Everglades etwa sind bedeutende Barrieren. Man kann kleine Dinge tun, um sie zu schützen: Nehmen Sie statt einem Motorboot ein Segelboot oder ein Kajak, um die Riffe zu erkunden. Erforschen Sie die Everglades statt per Luftkissenboot zu Fuß oder per Kajak und beachten Sie die Hinweise der Parkverwaltung. Informieren Sie sich z. B. im Crandon Park auf Key Biscayne über das Ökosystem. Erkundigen Sie sich in Key West bei den Einheimischen über die Wiederaufbauanstrengungen und wie man gegebenenfalls helfen kann. Müll gehört nicht in die Natur, sondern in entsprechende Mülltonnen. Und sparen Sie das oft knappe Trinkwasser.

Wenn Sie den Wiederaufbau der Keys unterstützen wollen, spenden Sie am besten an den von der Regierung verwalteten Wiederaufbaufonds: https://cffk.org.

Honorarkonsulat der Republik Österreich: 2445 Hollywood Blvd., Hollywood, FL 33020, T 945 925 1100, office@austrianconsulatemiami.com, www.austrianconsulatemiami.com. **Achtung:** Das österreichische Konsulat in Miami nimmt keine Pass- und Visumsanträge entgegen. Dafür müssen Sie sich direkt an das Konsulat in Washington wenden: 3524 International Ct NW, Washington, DC 20008-3022, T 202 895 6700, www.austria.org. **Generalkonsulat Schweiz:** 15601 Agua Ave., Coral Gables, FL 33156, T 404 870 2000, www.eda.admin.ch/countries/usa/en/home/representations/honorary-consulates/consulate-miami.html. Nur Entgegennahme von Notfallersuchen, für Pass- und Visumsangelegenheiten müssen Sie sich an die Vertretung in Atlanta wenden: Consulate General of Switzerland, 1349 W Peachtree St. NW, Suite 1000, Atlanta, GA 30309, T 404 870 2000.

INFORMATIONEN

Greater Miami Visitor Center: 701 Brickell Ave., Suite 2700, Miami, FL 33131, T 305 539 3000, Mo–Fr 8.30–18 Uhr. Die zentrale Touristeninformation bietet Pläne, Prospekte und Antworten auf so ziemlich alle Fragen, die Sie zu Miami und Umgebung haben können, u. a. zu Ausflügen in die Everglades und nach Key West. Freundliche Mitarbeiter helfen Ihnen gerne bei der Planung und Buchung Ihrer Unternehmungen. Die Website bietet hervorragende und umfassende Tipps: www.miamiandbeaches.com. Es gibt mehrere **Filialen: Miami Beach:** 1620 Drexel Ave., T 305 674 1414 **Key Biscayne:** 88 W McIntyre St., T 305 361 5207 **Coconut Grove:** 55 SW 17th Rd., T 305 859 2867

Key West Chamber of Commerce:
510 Greene St., Key West, T 305 294
2587, www.keywestchamber.org,
Mo–Fr 8–17.30, Sa, So 9–17 Uhr

REISEN MIT HANDICAP

Miami ist für Menschen mit Handicaps
vergleichsweise gut zugänglich. Öffentliche Gebäude wie der Flughafen sind
barrierefrei, ebenso Museen, Hotels und
die vielen Shoppingmalls, Die Strände
verfügen meist über mit Holz ausgelegte
Promenaden und mit Matten ausgelegte
Pfade bis ans Wasser. Strände wie Crandon Park Beach und Haulover Beach
haben eigene Liegestühle für gehbehin-
derte Menschen. In den Everglades
hat das Shark Valley Visitor Center
(▶ S. 69) rollstuhlgerechte Wander-
pfade. Weitere Informationen finden Sie
unter www.miamiandbeaches.de/plan-
your-trip/accessible-travel. Auskünfte
erteilt auch das **Miami Dade Office of
ADA Coordination** (Americans with
Disabilities Act): 111 NW 1st St., T 305
375 3566, Mo–Fr 8–17 Uhr.

SICHERHEIT UND NOTFÄLLE

Miami hat in puncto Kriminalität einen
schlechten Ruf, aber die Realität sieht
anders aus. Die Wahrscheinlichkeit, auf
der Straße in ein Kreuzfeuer zu geraten,
ist gleich null. Die Verbrechensrate ist in
der Bay-Metropole wie in den meisten
amerikanischen Städten in den vergangenen 15 Jahren stark zurückgegangen.
Dennoch sollte man inmitten des
nächtlichen Rummels von South Beach
umsichtig sein. In bestimmten Vierteln
wie Liberty City oder Overtown empfiehlt es sich auch nicht, nachts allein
herumzulaufen. Sollte tatsächlich ein
Notfall eintreten, rufen Sie gebührenfrei
den **Notruf** 911 an.
Für medizinische Notfälle empfiehlt sich
das Netzwerk **MD Now – Urgent Care**
mit mehr als 20 Kliniken im Großraum

FAHRRAD-SHARING

Miami und Miami Beach verfügen
über mehrere Bike-Sharing-Netze.
Das am besten ausgebaute ist
Citi Bike mit rund 2000 Rädern
und Stationen in der Innenstadt,
in Miami Beach, Surfside und den
Bay Harbor Islands. Das Ausleihen
ist kinderleicht: einfach Kreditkarte
in den Automaten an der Station
einstecken und losradeln. Eine
Übersicht der Stationen gibt es unter
www.citibikemiami.com und auf der
entsprechenden Smartphone-App.
Eine Stunde kostet 6,50 $, ein
Tagespass 24 $. Bei der Vielzahl der
Stationen ist es jedoch nicht nötig,
einen Ganztagespass zu kaufen.

Miami (www.mymdnow.com). Hier
werden Sie schneller und kostengünsti-
ger behandelt als in der Notaufnahme
eines Krankenhauses. Für den Fall, dass
Sie bei einem schweren Notfall doch ein
Krankenhaus aufsuchen müssen, finden
Sie eine **Liste mit Adressen von Kran-
kenhäusern** unter: www.miamidade.
gov/healthcare/hospitals.asp.

STADTFÜHRUNGEN

Big Bus Miami Hop-on-Hop-off-Tour:
Genießen Sie die herrlichen Meeresbli-
cke und die spektakuläre Architektur
von Miami vom Sonnendeck eines
Doppeldecker-Busses aus. Sie können
während der zweistündigen Tour jeder-
zeit zu- und aussteigen. Tgl. ab Bayside
Marketplace, ab 45 $ (online günstiger),
www.bigbustours.com.
Art Deco Walking Tour: Erkunden Sie
die weltberühmte Art-déco-Architektur
von South Beach (▶ S. 21).
Wynwood Art Walk: Touren durch das
Viertel mit Informationen über Kunst
und Künstler zu Fuß, per Fahrrad oder
per Golf Buggy. Ab drei Personen können Sie auch eine private Tour buchen

(www.wynwoodartwalk.com, T 305 814 9290, ab 29 $).

Fahrradtour durch Coral Gables:
Das Coral Gables Museum veranstaltet an jedem 3. So des Monats um 10 Uhr geführte Fahrradtouren durch die ›City Beautiful‹, bei denen Sie die prachtvolle Architektur im Mediterranean-Revival-Stil bewundern können (285 Aragon Ave., Coral Gables, T 305 6038067, http://coralgablesmuseum.org/tours).

Miami Culinary Tours: Kulinarische Touren durch verschiedene Viertel der Stadt: Little Havana, Wynwood, South Beach, Little Haiti. Entdecken Sie die kulinarische Vielfalt von Miami gemeinsam mit anderen (1000 5th St., Suite 200, Miami Beach, FL 33139, T 786 942 8856, www.miamiculinarytours.com, ab 39 $).

UMWELTFREUNDLICH UNTERWEGS

Miami verfügt über zwei Schwebebahn-Netze: Metrorail und Metromover.

Metrorail ist eher ein Zugnetz, das Pendler von den Außenbezirken in die Innenstadt bringt. Ein Netzplan von Metrorail ist unter der Webadresse www.miamidade.gov/transit/metrorail-stations.asp zu finden, Einzelfahrten fangen bei 2,25 $ an. **Metromover** versorgt auf drei verschiedenen Routen die Innenstadt. Die Nutzung ist kostenlos und ideal, wenn Sie die Innenstadt und Brickell erkunden wollen. Einen Streckenplan finden Sie unter www.miamidade.gov/transit/library/metromover-map.pdf. Für beide Systeme gibt es eine Smartphone-App.

Metrobus: Miami verfügt auch über ein Busnetz mit 90 Routen und 1000 Bussen. Linie 123 ist sehr beliebt, um sich in Miami Beach am Strand auf und ab zu bewegen. Eine Fahrt kostet nur 25 Cent.

Wassertaxi: Das Wassertaxi startet vom Bayside Marketplace und steuert Ziele in Miami Beach, Key Biscayne und am Miami River entlang an. Einzelfahrten ab 15 $ (T 305 600 2511, www.watertaximiami.com).

Auch wenn Miami Beach und insbesondere Miami stark von Autos dominiert sind, haben die Radfahrer ihre Terrains. Dank Mietradsystemen und Radverleihern kann man es den Einheimischen gleichtun und z. B. durch South Beach radeln.

O-Ton Miami

I'm sorry con excuse me.

Spanisch-englischer Mix für
»Entschuldigung«

Getty

Abkürzung für Party
Kommt von Get together.
»Let's go to that getty«

EATING SHIT

Scheiße fressen
sich langweilen

Papichulo

*gut aussehen-
der Mann*

CAFECITO

Bro

Wie z. B. in »Let's drink a Cafecito«
*Wird in Miami für echten kubanischen Kaffee
verwendet.*

Cojelo con take it easy.

Abkürzung für Brother
Freundlich gemeinte Ansprache

*Spanisch-englischer
Mix für »Entspann'
Dich«*

Casa de Yuca

Estantera

Haus der Yuca
*»That's Casa de Yuca« sagt man, wenn etwas
am anderen Ende der Stadt liegt.*

gut aussehende Frau

CHANX

Que cute.

Sandalen, Flip-Flops

Mischung aus Spanisch und Englisch für »wie süß«.
Ein Typ in der Bar ist »que cute«

Register

Das Klima im Blick

Reisen bereichert und verbindet Menschen und Kulturen. Wer reist, erzeugt auch CO_2. Der Flugverkehr trägt mit bis zu 10 % zur globalen Erwärmung bei. Wer das Klima schützen will, sollte sich – wenn möglich – für eine schonendere Reiseform entscheiden oder die Projekte von atmosfair unterstützen. Flugpassagiere spenden einen kilometerabhängigen Beitrag für die von ihnen verursachten Emissionen und finanzieren damit Projekte in Entwicklungsländern, die dort den Ausstoß von Klimagasen verringern helfen (www.atmosfair.de). Auch die Mitarbeiter des DuMont Reiseverlags fliegen mit atmosfair!

Abbildungsnachweis

AWL-Images, Whitchurch (GB): S. 20 (Bibikow); 103 (Coletti); 25 (Eisele-Hein)

DuMont Bildarchiv, Ostfildern: S. 76 (Modrow)

Fotolia, New York (USA): S. 67 (Cegledi)

Getty Images, München: S. 80 (Alexander); 90 (Boogich); Faltplan, Titelbild (Cultura RM Exclusive/ Zak Kendal); 120/8 (Fleming); 88 (Image Source); 28 (Koerner); 98 (Liberman); 104 (Maurice); 102 (McMullan); 30 (Parra); 51, 107 (Raedle); 83 (Rich); 120/7 (Sheinwald)

Glow Images, München: S. 26 (Deposit Photos)

iStock.com, Calgary (Kanada): S. 101 (Barbara); 41 (Boogich); 120/3 (code6d); 54 (juripozzi); 61 (Raulimalune)

laif, Köln: S. 66 (Aurora/Rich); 7, 12/13, 24, 39 (Denger); 59 (Haenel); 84 (Heeb); 37 (hemis.fr/ Maisant); 4 u. (Modrow); 16/17, 33, 47, 49, 99 (Schwelle)

Look, München: S. 89 (age fotostock); 108 (Holler); 105 (Pompe); 106 (Travel Collection)

Mauritius Images, Mittenwald: S. 58 (age fotostock/Ayerves); 113 (age fotostock/Greenberg); 22 (Alamy/Education & Exploration 3); 75 (Alamy/EPA); 71 (Alamy/Griffiths); 74 (Alamy/i travel); 63 (Alamy/Mier); 109 (Alamy/Rippy); 46 (Alamy/RosalreneBetancourt 6); 32 (Alamy/Rosalrene-Betancourt 7); 34, 62 (Alamy/RosalreneBetancourt 10); 43, 50, 57, 94 (Alamy/RosalreneBetancourt 12); 86 (RosalreneBetancourt 13); 110 (Schmies); 120/2 (United Archives)

picture-alliance, Frankfurt a. M.: S. 120/1 (abaca/Piovanotto); 29 (AP Photo/Lee); 36 (AP Photo/ Sladky); 120/9 (Courtesy Everett Collection); 120/5 (Mary Evans Picture Library/UNIVERSAL TV/ Ronald Grant Arch); 38 (Miami Herald/Juste); 64 (Miami Herald/Portal); 85 (ZUMA/Ares); 120/6 (ZUMA/Kaszerman)

Schapowalow, Hamburg: S. 73 (Canali); 8/9 (Cozzi); 14/15, 93 (Onlyworld/Soularue); 70 (Schmid)

Shutterstock.com, Amsterdam (NL): S. 55 (Blulz60); 68 (Filitz); 53 (Fotoluminate LLC); 21 (Goldberg); 97 (Kulakova); 4 o. (mariakraynova); 78/79 (Miami2you); 100 (N K); 40, Umschlagklappe vorn (Sergio TB)

State Archives of Florida, Florida Memory, Tallahassee (USA): Umschlagklappe hinten

Wikimedia Commons: S. 120/4 (United States Bureau of Prisons/CC-PD)

Zeichnungen S. 2, 11, 23, 29, 31, 44, 65: Gerald Konopik, Fürstenfeldbruck

Zeichnung S. 5: Antonia Selzer, Stuttgart

Kartografie

DuMont Reisekartografie, Fürstenfeldbruck
© DuMont Reiseverlag, Ostfildern

Umschlagfotos

Titelbild: Pool eines Hotels in Miami
Umschlagklappe hinten: Julia Tuttle, die »Mutter von Miami«

Hinweis: Autor und Verlag haben alle Informationen mit größtmöglicher Sorgfalt geprüft. Gleichwohl sind Fehler nicht vollständig auszuschließen. Alle Angaben erfolgen ohne Gewähr. Bitte schreiben Sie uns! Über Ihre Rückmeldung zum Buch und Verbesserungsvorschläge freuen sich Autor und Verlag:
DuMont Reiseverlag, Postfach 3151, 73751 Ostfildern,
info@dumontreise.de, www.dumontreise.de

1. Auflage 2018
© DuMont Reiseverlag, Ostfildern
Alle Rechte vorbehalten
Autor: Sebastian Moll
Redaktion/Lektorat/Bildredaktion: Erika E. Schmitz
Grafisches Konzept: Eggers+Diaper, Potsdam
Printed in China

Kennen Sie die?

Gloria Estefan

Sie ist der Stolz der kubanischen Einwanderer-Community. Wie viele andere kam ihre Familie nach der Castro-Revolution nach Miami. In den 80ern landete ihre Band Miami Sound Machine einen Hit nach dem anderen.

Sidney Poitier

Er war der erste schwarze Schauspieler, der einen Oscar erhielt (»Lilies of the Field«, 1964). Seine Eltern stammten von den Bahamas. Miami, wo er geboren wurde, verließ er mit 16, um Schauspieler zu werden.

Henry M. Flagler

Der New Yorker Öl-Magnat gilt als Gründer von Miami. Aus Gesundheitsgründen verbrachte er die Winter in Florida. In den 1860er-Jahren baute er die Eisenbahnstrecke St. Augustine–Miami, Beginn eines Reise- und Baubooms.

Al Capone

Der Gangsterboss aus Chicago hat wie kein anderer den Ruf Miamis als Sündenbabel mitbegründet. In den 1920ern organisierte er den Spirituosenschmuggel aus Kuba und betrieb in South Beach illegale Spielkasinos.

James Sonny Crockett

Dargestellt von Don Johnson jagte er in der TV-Serie »Miami Vice« mit seinem Partner Tubbs in den 80er-Jahren in Miami Beach Drogenhändler und machte dabei cremefarbene Anzüge, Cabrios und lange Nackenhaare zum Trend.

James Patterson

Der Krimiautor, der in Palm Beach lebt und arbeitet, ist einer der erfolgreichsten Schriftsteller aller Zeiten. Seine Storys um den Polizeipsychologen Alex Cross wurden mehr als 300 Mio. Mal verkauft.

Blake Ross

Das Wunderkind der Technologie-Welt wuchs auf Key Biscayne auf. Mit zehn baute er seine erste eigene Website, mit 20 hatte er den Browser Mozilla Firefox entwickelt.

Marjory Stoneman Douglas

Die Journalistin und Schriftstellerin, die 1988 108-jährig starb, engagierte sich schon in den 1940ern für den Erhalt der Everglades.

Barry Gibb

1975 zog der Engländer mit seinen Brüdern nach Miami Beach, um ein Album aufzunehmen. Barry Gibb (re.), einer der erfolgreichsten Songwriter, lebt hier bis heute.